Provence

Bergère de lumière et de vent

Yvan Audouard

Provence

Bergère de lumière et de vent

Photographies de

Lucien Clergue

Robert Laffont

ISBN : 2-221-08069-6

À Baptistine, Joséphine et Clémence,
fées de mon logis.

Yvan Audouard

À la mémoire de mon grand-oncle Timoléon Ambroy,
maire de Fontvieille, qui accueillait Alphonse Daudet
au temps où il venait puiser l'inspiration au pays des Moulins,
et en souvenir de Paul Geniet qui m'a fait découvrir
l'autre Provence, celle de Giono et de la lavande.

Lucien Clergue

Je connais un royaume de lumière et de vent
qui ne cesse d'inventer sa légende
au fur et à mesure qu'il oublie son Histoire.
Un pays qui ne se raconte et ne se montre
que pour conserver son secret.
C'est de cette Provence-là qu'il s'agit dans ce livre d'images :
celle qu'on ne commence à voir et à entendre
qu'à partir du moment où l'on n'en croit
ni ses yeux ni ses oreilles.

Le ciel a offert la lumière et le vent.

Les Provençaux ont fait le reste.

La Provence les rembourse en monnaie de soleil.

Telle est l'histoire que je voudrais raconter.

La cigale et le mineur de fond

Ce n'est pas une fable...

Les mineurs de Gardanne, terre provençale de betterave et de charbon, sont contraints, comme tous ceux de la profession, de passer sous la terre le plus « clair » de leur temps. La cigale pourtant est devenue leur emblème. Cela risque de vous étonner, car peut-être ignorez-vous que pour conquérir le droit de chanter un seul été, elle doit pendant une période qui peut aller jusqu'à huit années pleines mener dans le noir absolu la vie mélancolique des larves suceuses de racines. Des années de cachot pour trois mois de plein air. Des années de conservatoire pour un seul morceau de musique.

Parabole exemplaire qui symbolise le rude parcours de ceux pour qui la lumière est au bout du tunnel. En elle se résume l'histoire paradoxale de la Provence, ce pays où il est peut-être moins facile qu'ailleurs de faire « sa place au soleil ».

Et de la garder.

La véridique histoire de Pythéas

Ce n'est pas une histoire marseillaise, mais le mistral devait souffler très fort le jour où Pythéas, le navigateur phocéen, a quitté le Lacydon pour aller taquiner la girelle dans les eaux du château d'If. Il s'est trouvé projeté au-delà des colonnes d'Hercule par un vent de force déraisonnable... On ne savait pas, à l'époque, que la terre était ronde. L'idée de se retrouver, quoi qu'il fasse, à son point de départ l'aurait sans doute fait réfléchir. Mais il était jeune et hardi et, de toute façon, le vent et les courants ne lui laissaient pas le choix.

Il fonçait donc vers le bout du monde, une conviction farouchement précolombienne. Bientôt le temps se gâta, mais il n'était pas homme à se laisser impressionner par les brouillards hyperboréens. Il continua donc, après avoir recommandé son âme à Dieu, de tailler sa route dans la nuit.

Personne avant ce sudiste n'avait gardé si longtemps cap au nord.

Conduit par la Providence, il atteignit les confins de la calotte glacière et, sans l'avoir fait exprès, il fut le premier Marseillais à faire connaissance avec le soleil de minuit. Il faut reconnaître en toute honnêteté qu'il ne vaut pas celui de la Côte d'Azur. Il aurait peut-être continué sa route, mais il se trouva soudain bloqué par une montagne de glace : aucun inscrit maritime des Bouches-du-Rhône n'avait jamais vu de banquise !

Pythéas en fut émerveillé, mais jugeant que sa contribution au progrès de la navigation à voile était suffisante, il décida sagement de rentrer au Vieux-Port avant de prendre froid.

De retour à la maison, il raconta son aventure. Naturellement personne ne le crut. C'est depuis que nous passons pour des menteurs. Précisément parce que nous ne croyons que ce que nous avons vu. Et encore, pas toujours !...

La Provence engloutie

Je n'ai pas connu ce guide touristique dont Paul Mariéton parle avec émotion dans l'un de ses ouvrages. Je le regrette infiniment. Il vivait à Saint-Cyr-sur-Mer, petit port de pêche des bords de la Méditerranée construit à l'emplacement de Taurentoeum, ancien port grec englouti sous les flots depuis des siècles. De Taurentoeum, il ne reste rien.

L'excellent homme dont je parle arrivait cependant à gagner honorablement sa vie en faisant visiter « *trois absences de temples, deux thermes invisibles, plusieurs portiques dont Strabon aurait parlé, et surtout un grand cirque hypothétique dont les multiples obélisques auraient fait jadis l'admiration des foules...* »

J'ai eu quatre-vingt-un ans et sept mois pour vérifier tous les jours de mes fenêtres à quel point les civilisations aussi étaient mortelles. Sous mes yeux, les arènes d'Arles s'enfoncent irrésistiblement dans le sol. Leur ensevelissement durera bien encore quelques siècles mais il est irrévocable. Au milieu du dix-neuvième siècle émergeait d'un pré à hauteur de banc public un insolite fronton corinthien. On fouilla le sol autour de lui : les colonnes qui le supportaient apparurent, et d'autres colonnes plus ou moins mutilées mais toujours prêtes à tenir leur rang. Leur séjour souterrain avait ridé la pierre et le marbre des gradins en hémicycle, mais ils étaient toujours prêts à accueillir leurs nouveaux spectateurs, qui avaient deux mille ans de moins qu'eux.

La Provence ne cesse de se rebâtir avec ses propres monuments. Des arènes d'Arles il ne reste que le squelette. Le Moyen Âge les avait utilisées comme carrière naturelle mais, à l'intérieur de cette forteresse, il avait mis à l'abri des incursions sarrasines un village d'où émergeaient deux clochers. Sous nos villes de Provence dorment plusieurs autres villes qui ne demandent qu'à se réveiller. Elles ne sont jamais complètement enterrées et leur exhumation ne peut être qu'une résurrection. En cherchant leurs fondations, nous trouvons nos racines.

Il en est ainsi partout où il y a eu des hommes et où ils se sont reproduits mais ici le passé a laissé tellement de traces qu'il a toujours un bel avenir devant lui. Il refuse de se laisser oublier surtout quand on essaie de le faire disparaître. Il y a des villes où l'on marche sur des étages de coffres-forts, de véritables gratte-ciel en sous-sol. Dans nos vieilles cités, vous posez vos pas sur des millénaires d'Histoire. Cela ne fait pas le même bruit. Avec un peu d'entraînement, vous arriverez à percevoir la palabre des siècles. Avec le temps, le fracas des batailles et le cliquetis des épées sont devenus chuchotement. Le passé vous parle à l'oreille et si vous avez l'ouïe assez fine, vous ne tarderez pas à percevoir dans le lointain « *le piétinement sourd des légions en marche* ».

De ce point de vue je me permets de vous conseiller la Camargue comme stage d'entraînement pour votre imaginaire personnel.

– Je ne comprends pas ce que tu lui trouves, me disait un ami. Tu montes sur une chaise et tu as tout vu...

Il était difficile dans ces conditions de lui expliquer que c'était là le secret de sa beauté. C'était un homme capable de reconnaître l'empreinte d'un lièvre même avec le soleil dans les yeux et d'entendre un soupir de sanglier d'une rive à l'autre du Vaccarès, mais il ne voyait pas les traces, pourtant gigantesques, qu'avaient laissées sur la digue jusqu'à la mer les éléphants d'Hannibal, pas plus qu'il ne percevait les grandes orgues de nos cathédrales d'Ys enfouies sous le sable.

Il perdait le plus beau.

Provence de tous les sens

La Provence, tant elle les sollicite, exige le plein emploi de tous les sens. Elle inciterait même à en inventer de nouveaux, si c'était possible. Bien qu'il ne fût pas Provençal d'origine, mon défunt ami Thoret, dit Thoret-Mont-Blanc, avait atteint un degré d'acuité visuelle qui lui permettait de savourer la nature dans ses moindres détails. Il était pilote d'aéroplane, spécialisé dans l'aviation de montagne. C'est lui qui ouvrit dans les Alpilles la première école de vol à voile. Ayant eu l'inconscience de lui servir de passager, je puis porter témoignage sur le primesaut de ses méthodes de navigation. Il ne s'encombrait d'aucun instrument de bord et avait une tendance naturelle à voler au ras des lavandes, sans doute pour rapporter leur parfum dans les nuages. De retour sur la terre, je crus pouvoir lui faire part de mon inquiétude :

– Tu vas finir par te ramasser... !

– Impossible, s'écria-t-il d'un ton sans réplique, je dispose d'un altimètre infaillible. Je descends jusqu'à ce que j'aperçoive une lueur d'effroi dans le regard des grillons !

Je ne prétends pas, surtout à mon âge, me situer à ce niveau de performance mais, sans vouloir me vanter, je suis capable à force de concentration – pas tous les jours – d'entendre l'herbe pousser... Il m'a fallu pas loin d'un siècle pour y arriver mais, maintenant, quand je suis la nuit dans mon jardin, j'entends la petite chanson de l'herbe qui pousse.

C'est en trinquant avec mes amis viticulteurs de Gigondas, Séguret, Vacqueyras et Sablet, que j'ai acquis une telle virtuosité auditive :

– Sais-tu, m'ont-ils demandé, pourquoi on trinque avant de boire ?

– Pour manifester son amitié !

– Certes, mais c'est ici que la coutume a pris naissance. On s'est aperçu très vite que la caresse des bouteilles et les plaisirs du gobelet intéressaient aussi bien la vue que l'odorat, et la main que le palais. En revanche il n'y avait rien de prévu pour l'oreille. C'est depuis que nous avons inventé l'art de trinquer...

– Dans des gobelets d'étain, cela ne fait pas beaucoup de bruit !

– Certes, mais cela déclenche automatiquement l'envie de chanter en chœur la « *Coupo Santo* », l'hymne national des Provençaux.

La Provence c'est où, dites ?

À vrai dire, je ne le sais plus très bien puisque je l'emporte partout avec moi. Même à Paris. Même aux antipodes. Plus je m'en éloigne, plus elle me devient indispensable. Je me trouve dans le même esprit que Paul Arène qui avait trouvé un remède au vague à l'âme que lui causait parfois son exil parisien. Il lui suffisait d'aller faire un brin de causette avec un citoyen de Belleville qui tenait boutique dont l'enseigne le ravissait au sens plein du terme :

Produits du Midi Arrivage direct.

Alors, parmi les bouteilles d'huile d'olive, les chaînes d'ail tressées et les bocaux d'anchois, il se retrouvait instantanément chez lui.

Je suis d'autant plus mauvais guide qu'au fil des années, à force de parcourir la Provence du sud au nord (car il y a aussi un Nord en Provence), je me suis inventé un pays sur mesure dont Fontvieille est la capitale et tout le reste la banlieue. Autour de mon pigeonnier de Fontvieille ou des toits de ma maison d'Arles farandole une Provence qui n'existe plus que pour moi : celle où les souvenirs d'enfance et d'adolescence fusent de toutes parts plus rapidement que des sauterelles. Je n'ai besoin ni de carte ni de boussole pour m'orienter dans ce pays qui n'a que des rapports géographiques avec celui que j'ai sous les yeux. Je n'hésite pourtant pas à vous entraîner dans cette Provence qui est la mienne, car je pense que c'est la meilleure façon de vous aider à inventer la vôtre. C'est même ce qui m'a décidé à écrire ce livre.

Je me trouvais il y a huit jours sur le plateau de Valensole avec mon ami Marcel, dit le Muet, parce que, précisément, pour en placer une avec lui, il faut attendre qu'il tousse. Le manège lumineux des collines tournait autour des lavandes en fleurs. Il faisait un temps de paradis terrestre. Je m'aperçus que Marcel avait les larmes aux yeux. Je n'imaginais pas qu'il fût aussi sensible à la beauté du monde. Il me désignait en direction de Saint-Martin-de-Bormes un petit bois de chênes qui semblait être à l'origine de son émotion. Je m'attendais à ce qu'il me dise :

– C'est ici que j'ai tué mon premier sanglier.

Non. Le souvenir venait de plus loin et de plus profond

– C'est dans ce bois, dit-il, que j'allais chercher des champignons avec ma « pauvre femme » quand elle avait dix ans...

Voilà pourquoi je n'hésite pas à vous entraîner à ma suite sur les sentiers de ma jeunesse. L'enfance est toujours dispensatrice de merveilles, mais une enfance provençale vous donne pour la vie le sentiment que le monde a été spécialement créé à votre usage. Ouvrir les yeux pour la première fois un jour de printemps sur un champ d'amandiers en fleurs, on ne s'en remet jamais tout à fait. J'espère qu'en vous remettant dans les conditions privilégiées qui ont été les miennes, je réveillerai en vous des souvenirs que vous pensiez disparus et qui n'attendaient que cette occasion pour refaire surface. On ne garde de la vie que ce qui reste de son enfance.

De mon temps

Je vous invite donc à venir partager, quel que soit votre pays d'origine, la vie de notre village commun : celui de notre enfance. Village de référence où les pendules indiquent seulement les heures de la joie de vivre. Ici, on ne mesure pas le temps, on l'apprécie. L'horloge du clocher est en panne depuis sa mise en service. Cela ne dérange personne. L'heure, on la lit au soleil et on la ressent à sa faim, sa soif, son impatience ou sa lassitude. On la mesure au travail qui reste à faire.

L'église fait de moins en moins recette mais ses cloches continuent à régenter nos emplois du temps. Elles fixent les rendez-vous qu'il ne faut pas rater : baptêmes, mariages, enterrements. Leur carillon a la courtoisie de se mettre en branle une demi-heure avant la cérémonie. Ce qui donne le temps de changer de chemise. Quant à l'angélus du soir, s'il continue de sonner sans raison apparente, c'est surtout pour indiquer qu'à partir du moment où il a carillonné, on a le droit d'aller prendre l'apéritif sans passer à ses propres yeux pour un ivrogne.

Dans ce village d'ailleurs, on a moins besoin tous les jours d'avoir l'heure juste. Dans les mois d'été, la lecture des volets, quand on est initié à leur langage, la fournit avec une précision suffisante. Ils servent à la fois de montre

« Je descends jusqu'à ce que j'aperçoive une lueur d'effroi dans le regard des grillons... »

Au-dessus de Toulon.

Page suivante :
*L'heure, on la lit au soleil et on la ressent à sa faim,
sa soif, son impatience ou sa lassitude.*

Avec un peu d'entraînement,
vous arriverez à percevoir la palabre des siècles.

Glanum, à Saint-Rémy-de-Provence.

Page suivante :
C'est une pierre au caractère accommodant
qui se laisse tailler sans se plaindre.
Carrière des Baux.

*C*hez nous la nuit ne tombe pas, elle se lève.

Les Baux-de-Provence.

et de thermomètre et ne s'ouvrent à deux battants qu'au lever des étoiles : quand le moment est venu d'accueillir la fraîcheur de la nuit à la table familiale. Sagesse des volets qui ne mesurent pas les heures mais les pèsent à leur poids, selon que le temps nous a duré ou que nous ne l'avons pas vu passer...

Ici, en réalité, on se préoccupe moins de l'heure qu'il est que du temps qu'il va faire. Même quand il ne fait pas beau, il fait meilleur qu'autre part. La vie paysanne est un dialogue jamais interrompu entre les nuages, qui ne sont pas à portée de voix, et la terre, qui est à portée de main mais se révèle encore plus basse que ne le pensent ceux qui ne l'ont pas respirée de près. Le ciel délivre en permanence des messages obscurs que la charrue traduit en creux dans la terre.

L'agriculteur, dès qu'il doit abandonner son champ, se trouve dans l'état d'un mari jaloux qui redoute – le ciel est si volage ! – que sa femme ne le trahisse en son absence. Ou d'un écrivain qui s'est interrompu au milieu d'une phrase et qui reprend sa « page d'écriture » sans être sûr de retrouver l'inspiration.

Le village de « la pierre qui pleure »

Seuls les anciens de Fontvieille se souviennent qu'on les avait baptisés jadis les « arrogants ». Entièrement agricole au dix-neuvième siècle, la commune avait connu une prospérité inattendue grâce à l'exploitation de ses carrières. Ce n'est pas pour me vanter, mais quelques-uns des plus beaux monuments de Marseille et plusieurs quartiers d'Alger ont été construits avec la pierre de chez nous.

C'est une pierre au caractère accommodant qui se laisse tailler sans se plaindre. En revanche, elle exige un climat sec et chaud, sinon elle se met à « pleurer ». C'est le terme technique employé par les carriers à cause de sa tendance naturelle à pomper l'humidité du sol. Ces larmes donnent à nos rez-de-chaussée une fraîcheur appréciable pendant les mois d'été. Mais comme elles se tarissent dès le premier étage, nous pouvons séjourner au sec dans le reste de la maison pendant les mois d'hiver sans risque excessif de rhumatisme.

Rarement vit-on matériau si sociable que cette pierre au cœur tendre. Ceux qui le travaillèrent en premier l'étaient moins. Hommes rudes au caractère assez mal équarri, anarchistes, garibaldiens en exil, rescapés de la révolution de 1848, ils amenèrent dans le paysage social une animation qui n'était ni prévue ni souhaitée. Ils n'allaient pas laisser passer l'occasion de faire leur révolution industrielle avant tout le monde, et en pleine zone rurale de surcroît. Leurs descendants se sont apparemment calmés depuis ces temps héroïques mais ils ont hérité un tempérament à la fois fataliste et cabochard, anticlérical et superstitieux, conformiste et toujours insatisfait, qui défie les sondages et donne la migraine aussi bien aux sociologues qu'aux analystes politiques.

Je sais bien que vous n'êtes qu'en transit et, à l'œil nu, tous les villages provençaux groupés autour de leur clocher, à l'ombre mouvante de leurs platanes, bercés par la mélodie monotone de leur fontaine, ont l'air interchangeables. Ce qui les distingue ne vous regarde pas. Pour le moment, vous n'êtes que de passage. Ce sont des secrets bien gardés. Il faut une vie pour les apprendre et des siècles pour ne pas les oublier.

Le soleil se lève deux fois

En Bretagne, nul ne l'ignore désormais, le soleil se lève à l'ouest. En Provence, il se lève deux fois. Dans sa vie quotidienne, il y a un « grand lever » et un petit. Dans la nôtre aussi. Celui du matin et celui qui nous accueille en fin de sieste.

Un rai d'étroite lumière laiteuse troue la chambre tiède aux volets mi-clos avec la fulgurance catégorique d'un rayon laser. Dans la pénombre, l'Homme allongé sur sa couche froissée s'étire et s'ébroue en grognant. Il se pétrit les yeux de ses mains moites, resserre sa ceinture, relace ses souliers et sort de la chambre d'un pas encore mal assuré. La sieste a renouvelé ses forces : une deuxième journée commence pour lui.

Un concert de grinçantes guimbardes l'attend à la sortie et l'agresse sans préavis : les cigales, soudain, se sont déchaînées. Elles avaient mis une sourdine pendant qu'il se reposait. Incrustées dans les rugueuses callosités des arbres, aux aguets dans les fourchures des pins, elles attendaient qu'il émerge des rives de l'absence pour lui vriller le tympan et lui griffer la nuque, à peine aurait-il passé le seuil de sa demeure. Les lambeaux effilochés de son rêve inachevé se dissipent dans le ciel transparent.

L'Homme avance en bâillant dans les rues désertes. Les volets baillent eux aussi. À son unisson, mais avec plus de retenue. Le village sort de son second sommeil en douceur au lent martèlement des semelles de ce légionnaire insomniaque qui tente en vain de piétiner son ombre sur le trottoir de ciment. Puis ses pas s'éteignent à l'instant même où ils abordent les bas-côtés herbeux de la route goudronnée. Derrière lui, un rire isolé a fait exploser le silence et, du même coup, libéré la meute éparpillée des éclats de voix. Le rugissement d'une Mobylette indocile transperce le village de part en part et couvre un instant les insultes qui saluent son passage. Déjà installée le long de la salle des Fêtes sur le « Banc des Médisances Conviviales », la communauté des « Anciens » ne semble pas admettre de bon cœur que la vie a de fortes chances de continuer sans elle.

Le soleil semble indifférent à leur désarroi.

Le soleil écoute

C'est avec les oreilles qu'on entend, mais avec les yeux qu'on écoute. C'est tout ce que peut faire le soleil : écouter nos reproches et même nos imprécations, tantôt il en fait trop, tantôt pas assez, tantôt il est en avance, tantôt en retard et, quand il est à l'heure, nous oublions de le remercier. On ne remercie pas la fatalité, car il n'est pas libre de son destin. Il a été engagé par sa propre faveur divine dans une course sur piste dont il ne peut changer les règles sans se déjuger et perdre toute puissance.

La mise en scène est réglée une fois pour toutes. C'est à nous de nous en accommoder. Le char du soleil va son chemin sans la moindre volte-face. Même ses éclipses sont prévues par avance. Ce monarque qui nous éclaire, et qui écoute du regard notre interprétation de son message de vie, les Provençaux l'ont traité comme à leur habitude. Bien qu'il soit le plus puissant de tous les dieux, ils l'ont humanisé à l'extrême. Condamné à l'indifférence dès son premier jour, ils lui ont prêté des sourires et inventé des bouderies.

Ce n'est pas une boutade. C'est un art de vivre ! Sous d'autres latitudes on dirait : « Le soleil ni la mort ne se peuvent regarder en face. » Dans ce village témoin, on exprime les choses plus simplement. Un coureur cycliste local à qui je demandais comment il avait fait pour se classer si mal lors de l'étape la plus torride du Tour de France (c'était à la frontière belge, tiens-je à préciser) me regarda avec étonnement :

– Mais mon collègue, me dit-il, quand il fait chez nous une chaleur pareille, je ne sors pas la bicyclette...

Je trouve à ces propos à la fois de la sagesse et une portée sociologique, pourquoi ne pas le dire, hautement métaphysique, qui dépasse largement le cadre du vélocipède. Le jour où Candide a dit : « Cultive ton jardin », le monde philosophique a été mis en émoi et a cherché à décrypter le message de Voltaire... Mais le jour où un humble coureur cycliste provençal lance son message, personne ne le prend au sérieux ! Il résume pourtant assez bien la nature de nos rapports avec les pouvoirs aussi bien temporels que spirituels. On ne les brave que si cela devient indispensable. Le reste du temps, sachant par très vieille expérience qu'il y a toujours des accommodements avec le ciel, on prend ses distances avec eux.

Jean Giono m'avait fait jadis l'honneur de me recevoir dans son bureau de Manosque. Le mélange de crainte et d'idolâtrie qu'il m'inspirait lui avait fait comprendre que son œuvre était pour moi essentielle et il avait mis dans son regard bleu acier, celui qu'on prête aux héros antiques, une lueur d'indulgence. Il avait dans le sourire ce mélange ambigu d'ironie et de compassion qui appartient aux dieux païens.

Il prit dans sa bibliothèque un vieux livre écrit dans l'italien de l'Arioste et du Tasse, dont la basane avait été bronzée par les siècles.

– Je crois, me dit-il, que c'est un ouvrage unique.

Il m'en traduisit le titre : *Comment traverser Naples sans jamais passer au soleil...!*

– Tout le secret sudiste est là, me dit-il. Pour apprécier le soleil, et pour en tirer le meilleur parti, il faut rester à l'ombre et le laisser faire son travail. Nous acceptons les bienfaits venus d'en haut mais nous les négocions au mieux de nos intérêts. C'est notre travail à nous.

Il est bon, puisque vous faites un séjour parmi nous, que vous essayiez de comprendre la mentalité de « l'indigène ». Il vaut lui aussi le détour.

Telle chose m'advint

Rassurez-vous. Je n'ai pas l'intention d'intervenir dans vos jugements. Au contraire, si je me permets les remarques qui vont suivre, c'est pour vous permettre de vous faire une opinion par vous-même.

Voyager, cela ne consiste pas obligatoirement à confirmer sur place les préjugés que vous avez emportés dans vos bagages. Un voyage n'est pas un simple déplacement dans l'espace et le temps. C'est une excursion, et même une « incursion » intérieure qui permet de découvrir en soi et chez les autres des « points de vue » insoupçonnés. Même si vous faites partie d'un voyage organisé, n'hésitez pas à prendre vos propres initiatives afin que vous puissiez rapporter de votre parcours des images et des souvenirs qui n'appartiennent qu'à vous. Ne vous restera que l'essentiel : ce qui résiste à l'usure du temps.

Je me souviens d'un dessin de l'humoriste Gus. Il représentait un touriste américain campé devant la tour Eiffel. Il tenait à la main un stylo et un bloc-notes sur lequel il avait écrit : « Notre-Dame », « Tombeau de Napoléon », « Arc de Triomphe », « Sacré-Cœur », « Folies-Bergère », « Tour Eiffel »...

Il avait rayé les cinq premiers noms, il ne restait plus que la tour Eiffel sur sa liste. Il lui avait à peine jeté un coup d'œil mais il se hâtait déjà de la barrer d'un trait de plume. Alors il regagna son taxi avec la satisfaction du devoir accompli : il avait « fait » Paris dans la journée, et il espérait bien « faire » l'Europe en huit jours. Ainsi d'ailleurs que le lui avait promis son agence. Je suppose que ce doit être lui qui, lors d'un voyage à Jérusalem, après avoir « fait » Israël dans la matinée, se demandait ce qu'il pourrait bien faire de son après-midi.

Je ne suis pourtant pas de ceux qui disent que le tourisme consiste essentiellement à aller d'un endroit où l'on s'ennuie à un endroit où l'on n'a rien à faire. Je pense au contraire qu'à force de faire du tourisme, les gens finiront bien par apprendre à voyager. À la condition de se conduire en Provence comme Jean de La Fontaine, il y a deux siècles et demi, lors de son *Voyage en Limousin*. Un voyage, c'est ce qui vous arrive « à l'improviste ». Ce à quoi, quelle que soit votre préparation, vous ne vous attendiez pas. Un voyage n'est réussi que s'il transforme votre existence.

À la limite, vous pourriez connaître la même expérience que Paul Claudel. Mais le cas est assez exceptionnel. Il se trouvait à l'intérieur de la cathédrale Notre-Dame de Paris, adossé au dernier pilier gauche de la nef centrale sans songer à autre chose qu'à la beauté du lieu. Soudain, Dieu, avec qui pourtant il n'avait pas rendez-vous, lui est apparu sans se faire annoncer. Claudel s'en trouva non seulement ébahi mais totalement métamorphosé. Je souhaite simplement que vous apparaisse cette Provence qui, à force de se vendre, n'aura bientôt plus rien à offrir ! C'est la grâce que nous vous souhaitons.

Nous ne sommes ni des guides assermentés ni les gardiens des clefs du royaume de la Reine Jeanne. Vous ne trouverez dans ces pages pas plus d'adresses recommandées que d'itinéraires obligatoires. Nous ne fournissons que des signes de piste. Les pèlerins de Compostelle, quand ils passaient par chez nous, rencontraient aux carrefours des petits tas de pierre surmontés d'une croix qui leur indiquait qu'ils étaient sur la bonne route. On les appelait des « Mont Joio ». Considérez-vous comme de simples artisans en « Mont Joio ». Vous n'êtes pas des colis accompagnés qui se laissent « transporter » d'un lieu fixé au préalable à un autre prévu par contrat. Ce qui vous « transportera », vous ne le savez pas à l'avance.

Où que vous soyez, n'oubliez jamais cette phrase d'Henri Bosco : « *En Provence, tout ne se tient pas dans ce qu'on trouve sans le chercher parce que ce pays en fait aimablement l'offrande au voyageur.* » Ce que Giono dit de façon encore plus claire : « *La Provence dissimule ses mystères derrière leur évidence.* »

Instinctivement, les Provençaux ont adopté la méthode d'Edgar Poe dans *Double Assassinat dans la rue Morgue* : afficher sa culpabilité pour établir son innocence.

Laissez-vous conduire par le mistral, c'est le meilleur des guides.

Le Roi Fou

Nous serions, gens du Sud, si nous nous laissions aller, fort doués de raison, prudents de nature, volontiers casaniers, routiniers, procéduriers, « prévoyants de l'avenir », et mesquins si nécessaire... Nous avancerions rarement sans savoir où nous allons mettre les pieds et peut-être serions-nous restés pour toujours une province sans folie si le mistral, Sa Majesté Mistral, ne nous avait communiqué la sienne. C'est lui qui nous chasse de nos abris, nous pousse vers la mer sauvage et l'aventure inconsidérée. C'est lui qui a expédié les Bas-Alpins au Mexique, a nourri les rangs de l'armée coloniale et a donné l'idée aux révolutionnaires provençaux de « monter » à Paris pour assurer le lancement mondial de *La Marseillaise*.

Vous ne le verrez jamais en personne, mais vous aurez forcément affaire à lui. C'est un ruffian sans manières. Comme il ne connaît pas sa force et ne sait

Tournesols... résidence secondaire du soleil.

*S*quelette de platane
suppliant le ciel
de le ressusciter.

Manosque.

*Le mistral sculpte
les visages et les statues,
ruine les récoltes
et fait courber l'échine
aux plus fiers.*

*Le Val d'Enfer, près
des Baux-de-Provence.*

*Page suivante :
Les oliviers ont le droit
de chanter " Lou cant
dis avi " : le chant des aïeux.
Car ce sont nos véritables
ancêtres.*

Un voyage, c'est ce qui vous arrive « à l'improviste ».

Bonnieux.

■

Page suivante :

« La Provence dissimule ses mystères derrière leur évidence. »

43

pas se contrôler, il mettra à vous décoiffer autant d'énergie qu'à soulever votre toiture. Il lui est arrivé de souffler plusieurs mois de suite et ce furent de bien tristes saisons, où des paysans de haute Provence, pourtant accrochés à leur terre comme des arbres, se déracinèrent et se jetèrent dans leur puits pour ne plus l'entendre hurler.

C'est notre maître en démesure.

Nul n'est plus déconcertant que ce fabuleux personnage qui distribue avec une égale vigueur les bienfaits et les maux. Il nettoie le ciel, éparpille les graines, tue la vermine, assainit l'atmosphère et, dans le même temps, sème la catastrophe et la terreur sur son passage, embrase les incendies, sculpte les visages et les statues, ruine les récoltes et fait courber l'échine aux plus fiers.

Force qui va, il n'a aucun plan prévu, il raconte ce qui lui passe par la tête et par sa faute (ou grâce à lui) l'histoire de la Provence, et sa géographie, sont encore plus enchevêtrées qu'ailleurs. Il bouscule les siècles, les civilisations, les styles, les modes de vie, les végétations, les climats.

La Provence est fille de tous les vents qui la ravagent, mais elle a su les mettre à son service. Ce ne sont pas les Provençaux qui sont des girouettes, mais les vents qui se disputent le pouvoir sur son territoire et qu'ils ont su faire tenir à leur place.

Le Mistral raconte

La Provence, fertile en moulins, est fière de sa rose des vents. Il y a de quoi. Elle ne compte pas moins de trente-deux pétales. Pour le plaisir de l'oreille, effeuillons-la dans la langue qu'elle parle chez nous, le provençal :

« *Tramoutano, Tems-Dre, Moutagnero, Ventouresco, Aquieloun, Cisampo, Gregau, Auro-Bruno, Levant, Auro-Rousso, Vent Blanc, Marin Blanc, Essero, Auro Cado, Vent de Souleu, En-Bas, Marin, Vent de Bas, Fouil, Vent-Large, Labe, Poumentau, Roussau, Narbounes, Travesso, Manjo-Fango, Cers, Vent Terrau ou Mistrau, Vent d'Aut, Auro Drecho...* »

Les Provençaux et leurs vents parlent la même langue. Il y a des régions où l'on se sert des mots pour dire ce qu'on pense et même ce qu'on a sur le cœur. En Provence, on se met à l'abri derrière eux pour dissimuler ce qu'on ressent. Cela n'est un mensonge que pour ceux qui ne savent pas qu'il s'agit d'une forme de pudeur. Ce n'est pas ce que la Provence dit qu'il faut entendre, mais ce qu'elle tait. Elle ne passe jamais aux aveux, et ce peuple volubile ne fait confiance qu'aux actes écrits.

En principe, le vent peut être cru sur parole. Son discours est celui d'un meunier qui rapporte aux moissons la réponse des étoiles. Nourri des suppliques venues de la terre, il est à son retour le messager des colères du ciel autant que de sa bienveillance.

Le jour de Noël, il prend l'apparence d'un ange authentique, le fameux ange « Boufareou ». Le Bon Dieu est si content de lui et des hommes qu'il prête son souffle créateur à son envoyé spécial. Sinon il n'aurait pas assez d'air dans les poumons pour annoncer au monde entier la naissance du divin petit. Cette nuit-là, le message du vent porteur de la Bonne Nouvelle se traduit spontanément dans toutes les langues de la terre. Les autres nuits, les vents de chez nous n'en font qu'à leur tête.

Gagnés par le climat d'indiscipline qui règne dans la région, ils oublient qu'ils sont les mandataires des volontés célestes. Ils se conduisent avec une espièglerie qui n'est plus de leur âge et n'arrêtent pas de se bousculer en se faisant des farces.

Dans cette atmosphère de cour de récréation, il est impossible de savoir à quoi ils jouent avant la fin de la partie. Ils ne peuvent être jugés que sur des dégâts qu'ils ont commis sur leur passage, car leurs bienfaits ne se découvrent qu'à la longue. Ceux qui ont de bonnes joues ne sont pas forcément les plus fréquentables, et l'on en vient à se demander si certains ne sont pas aux ordres du diable. Ces insolents trouvent dans leur impénitence même un regain de vigueur. On a beau leur dire depuis des siècles qu'ils n'amènent « *ni beau temps, ni bon vin, ni bonnes gens* », ils continuent de plus belle à nous narguer. Je ne suis pas là pour les dénoncer. Vous découvrirez tout seul, et à vos dépens, à quel point leur caractère est « contrariant ».

Tumultueux parlement de courants d'air venus de tous les horizons. Encore plus vociférant qu'une assemblée législative... Feu le Général reconnaissait, dit-on, qu'il n'est pas facile de mettre un peu d'harmonie dans un pays qui dispose de plus de trois cents fromages. Faire souffler dans la même direction des douzaines de vents égoïstes qui pratiquent un « chacun pour soi » sans faiblesse relève de la mission impossible.

La Provence est à leur image.

Le confesseur de jupons

Ces trente-deux vents étoilés en final de feu d'artifice, je suis certain que vous les avez comptés et recomptés car, connaissant mon cœur (et mes origines), vous vous êtes demandés si je n'avais pas exagéré. Vous en voilà maintenant persuadés. Vous n'en avez trouvé que trente et un, et vous avez pensé que j'avais arrondi le compte par pur chauvinisme de clocher. Bien au contraire. J'ai tenu en réserve le plus galant et le plus caressant d'entre eux pour qu'il puisse vous souhaiter personnellement la bienvenue.

On l'appelle aussi bien *Vent des Dames* que *Vent des Demoiselles*. Il entre en scène avec la discrétion d'un acteur sûr de ses effets. Il arrive à l'heure indécise et douce où, sentant venir sa fin prochaine, le soleil cesse de se conduire comme une brute pour ne pas effaroucher la nuit.

Pendant que l'Homme somnolait, la Femme, bouche close et pas feutrés, a continué de vaquer au ras des casseroles. Maintenant que l'Homme est parti et que l'ordre règne dans la maison, elle estime avoir le droit, elle qui est debout depuis l'aurore, non de ne rien faire mais de s'asseoir enfin. Elle s'installe devant sa porte et poursuit sa tâche ménagère à l'ombre soleilleuse des platanes ou des micocouliers.

Elle a emporté un panier d'osier tressé dans lequel s'entasse de quoi s'occuper durablement les mains : couture, tricot, épluchage des légumes pour la soupe du soir. Elle étale tout son barda domestique sur ses larges jupes. On croyait le quartier désert et voilà que des maisons muettes surgit la cohorte bavarde des camarades ménagères. Longtemps retenues, les langues se délient. Alors se lève cette brise légère qui rafraîchit les fronts, s'insinue sous les jupes et recueille la confidence de secrets qu'on cache aux autres et d'émois qu'on refuse de s'avouer à soi-même. Elle se fait la messagère du rire des commères, au passage emporte leur fatigue sur ses ailes et diffuse d'un souffle égal potins et recettes de cuisine, petites annonces et dernières nouvelles, menus bonheurs ou grandes catastrophes.

Tel est ce vent réservé aux dames et aux demoiselles de mon pays.

Depuis qu'elles ont adopté le port de la minijupe et réduit au minimum les manifestations de leur dévouement conjugal, il leur rend visite de moins en moins souvent. On dirait qu'il les boude à cause de l'affront personnel que lui a fait leur inconduite. Les anciens du village, mus par le puritanisme rancunier du grand âge, prétendent même que, humilié par leur ingratitude, il a émigré sous d'autres cieux et qu'il ne reviendra jamais. J'en suis moins sûr.

Rien en Provence n'est jamais définitivement englouti.

Le Ventoux, berger solitaire

La Provence est terre d'asile pour tous les vagabonds du ciel. Le Ventoux les accueille d'où qu'ils viennent sans formalité ni cérémonie. S'ils se plaisent chez nous, ils s'installent à demeure sans rien changer de leurs habitudes. Le sirocco, lui-même, traverse parfois la mer quand la canicule l'y invite et revient chez lui dès que le temps fraîchit.

Le Ventoux reçoit les nouveaux venus dans l'orchestre qu'il dirige sans leur faire passer d'audition. Il leur accorde d'emblée sa confiance et compte sur leur fierté vergogneuse d'artiste pour démissionner spontanément dans le cas où l'abondance de leurs fausses notes poserait de graves problèmes d'intégration.

De chef d'orchestre, voici le Ventoux devenu, sous sa chevelure de neige, berger solitaire et tout-puissant abritant le mistral et toute sa parentèle dans les plis de sa cape rousse, noire et verte.

Turbulente famille en vérité, aux sautes d'humeur inattendues. Tellement indisciplinée, déroutante et riche en foucades que la météorologie devient, quand elle essaie de lui imposer des règles, aussi aléatoire qu'une science humaine. Quel chef de famille, si autoritaire soit-il, pourrait dicter sa loi à un cabotin aussi sûr de ses privilèges que le mistral !

Ce *condottiere* du ciel ne cesse de faire des caprices de vedette et révèle une tendance de plus en plus manifeste à ne pas respecter ses contrats.

Longtemps il a paru se conformer à la règle des « trois, six, neuf ». Souffler trois jours, six jours ou neuf d'affilée avant de consentir enfin à se reposer, tel était le contrat tacite qui liait le mistral à la terre provençale. Maintenant, il n'en fait plus qu'à sa tête, s'arrête quand il veut, repart quand il en a envie, et s'époumone pendant un mois entier si ça lui chante. Il ne tient même plus compte des proverbes dans lesquels avaient été codifiées ses règles de vie.

Il lui arrive plus souvent qu'à Tartarin de traverser le Rhône pour éprouver sa vaillance et, à la façon d'un acteur qui part en tournée au-delà des frontières, mesurer sa réputation. Alors « la tête lui enfle ».

Il a le sentiment d'être traité avec plus de révérence et d'affection qu'à domicile. Quand il est chez lui, il a beau se mêler intimement à la vie des hommes, ils gardent leurs distances à son égard.

À « l'étranger », il oublie complètement qu'il est un phénomène naturel pour devenir plus qu'un être humain – un notable, dont tous les actes sont suivis et commentés par une population qui tire vanité de ses prouesses. Elle ne se contente pas de le regarder vivre mais s'intéresse de près à sa vie privée.

Sauver la façade...
pour sauver la face.

La Tour-d'Aigues.

49

*N*ourri des suppliques venues de la terre, le vent est à son retour le messager des colères du ciel autant que de sa bienveillance.

Les Provençaux et leurs vents parlent la même langue.

51

L'Ange Boufareou, l'ange sonneur de trompe.

Détail de l'archivolte du tympan de Saint-Trophime, à Arles.

*S*cène de Carnaval, à Aix-en-Provence.

Page suivante :
*V*oici le Ventoux, berger solitaire et tout-puissant
abritant le mistral et toute sa parentèle dans les plis de sa cape...

La solitude heureuse du gardian camarguais assiégé par le vent.

*B*ête sauvage, le taureau
est déjà un demi-dieu.

Il lui arrive de pousser jusqu'à Carcassonne où il n'a pourtant rien à prouver et où ses amis ne le reconnaissent plus. Il a perdu son article pendant le voyage. Il n'est plus, dans le département de l'Aude, « le » mistral mais Mistral tout court. Son compère le Vent de la Mer, sous le nom de *Marin*, devient un matelot en bordée à l'intérieur des terres. Ici on parle aussi souvent qu'ailleurs de la pluie et du beau temps, mais la controverse météorologique prend une tournure inattendue. Tendez l'oreille :

– Mistral, dira l'un, s'est levé plus tard que d'habitude...

– Tu aurais vu la tête qu'il a faite, dira un autre en riant sous cape, quand il s'est aperçu qu'Aude n'était pas dans son lit !...

– Le pauvre, soupirera un troisième, Marin s'est levé avant lui et lui a soufflé sa place pendant qu'il dormait avec une autre...

Alors ils regardent le ciel tous trois ensemble et soupirent avec inquiétude :

– Tu vas voir qu'il va nous faire une grosse colère !

À l'instant même, Mistral redouble de violence pour masquer sa déception. Les dieux du ciel provençal aiment le vaudeville.

Le séjour des dieux

Le Ventoux est l'Olympe provençal de ces dieux du vent si proches des hommes. Ce sont des dieux mais pas des saints. Dans leur séjour céleste, ils conservent la nostalgie de la terre.

Quand ils y viennent en villégiature, ils se réclament de nos défauts pour ne pas effaroucher les humains (et les humaines) qu'ils ont décidé de berner ou de séduire. En se conduisant comme un Dom Juan jaloux et furibard qui se glisse de bon matin dans le lit des pures jeunes filles, au risque de se faire ridiculiser par un navigateur en bordée, le dieu Mistral suit donc un exemple venu d'en haut.

Les sauts de vent, quand ils sont traduits en provençal, deviennent aussitôt des sautes d'humeur.

Come fa bon quan lou Mistrau
Pica la porte ame se bano
Estre soulet dins la cabano
Et ren ausi que lou Mistrau
Pican la porte ame se bano...

Je traduis ce refrain qui chante la solitude heureuse du gardian camarguais assiégé par le vent : « Comme il est agréable, quand le mistral cogne à la porte avec ses cornes, de se trouver tout seul dans sa cabane et de ne rien entendre que le mistral cognant à la porte. »

Cogner avec fureur ou gratter à la porte en ami ? Peu importe. Une seule chose est certaine : en se muant en bête sauvage, il est déjà presque un dieu. Il en a les attributs essentiels : la toute-puissance et l'invisibilité.

Mais les dieux, chez nous, on sait les prendre.

On peut apporter son rêve...

La relecture des chefs-d'œuvre ne cesse de les réinventer. Plus on les approfondit, plus ils gagnent en signification. Plus on leur demande, plus ils donnent. La Provence aussi, ça se creuse. Elle ne se fait connaître que de ceux qui ne se contentent pas de ses apparences. Elle n'est pas facile mais elle est bonne fille et se garde d'être contrariante. Soyez exigeant avec elle, elle sera généreuse avec vous.

Sur le plateau des Baux, assiégé par des fantômes de pierre, certains visiteurs éprouvent une allégresse de cow-boy. J'en ai entendu s'écrier :

– On se croirait dans le Colorado... Les Indiens vont attaquer !

Chacun ici peut apporter son rêve ou son cauchemar. Dante en avait fait le siège de l'Enfer, Cocteau en avait fait la demeure d'Orphée, et le patron de l'hôtel Baumanière une escale obligée du rêve américain. Quant à la Camargue, elle se conduit comme un studio de cinéma naturel qui permet tous les délires. Les Américains, au temps du muet, y ont tourné leur premiers westerns. Elle peut être tour à tour, sans cesser d'être elle-même, la Louisiane, le Tonkin, le Liberia, l'Amérique du Sud et le Grand Nord. Oui monsieur ! Il m'est arrivé trois fois dans ma longue existence de traverser le Rhône à pied. Il était pris par les glaces, et sur les rives il y avait des congères de plusieurs mètres de hauteur. Et j'ai vu des mouettes mourir de froid en plein vol et tomber à mes pieds comme des pierres.

La Camargue peut tout. Ce qui est le plus difficile avec elle, c'est de tourner un film qui se passe chez elle. Je le sais, j'en ai fait un...

Ceux qui ont tout appris d'avance sur l'histoire de la Provence, sa géographie, ses arts et sa littérature oublient parfois de lire le texte dans sa version originale et doivent se contenter de la version de leurs prédécesseurs. La Provence est devenue, pour eux, un livre dont ils connaissent toutes les traductions.

À vous d'inventer celui que vous serez le seul à pouvoir lire ! Ne vous restera que l'essentiel : ce qui résiste à l'usure du temps et qui émerge d'un environnement en pleine évolution. Vous vivez à la fois dans le présent et le passé, et vous constaterez que le présent n'existe que par les messages d'espoir ou de regret que le passé ne cesse de vous faire parvenir.

Une fois de plus, la Provence ressuscitera sous vos yeux, et le passé ne sera que la dernière note d'une fragile mélodie qui se poursuit pour vous seul et à la création de laquelle vous participez.

Les vieilles pierres rajeunissent quand on vient leur rendre visite, et sortent de leur silence pour accueillir leurs hôtes. Si vous savez les entendre, elles ne vous raconteront jamais la même histoire et ne vous révéleront que peu à peu leurs secrets. Alors vous trouverez dans le voyage ce qui n'est pas loin du « parfait bonheur ».

L'écrivain anglais Peter Mayle, auteur des best-sellers *Un an en Provence* et *Provence toujours* a longtemps hésité à les laisser traduire en français. Il redoutait, dit-on, que les natives du Luberon n'apprécient pas l'humour avec lequel il les a dépeintes. Au vu de ses tirages en Provence aussi bien que dans le reste de l'Hexagone, il a dû être rassuré.

Après, par exemple, la publication de *Tartarin*, Daudet est resté des années sans pouvoir mettre les pieds à Tarascon. Aujourd'hui son personnage est devenu un héros chez lui. Héros de carnaval peut-être, mais aussi célèbre que la Tarasque, et la population l'acclame quand il défile en tête des chasseurs de casquette.

Les Provençaux ont toujours eu conscience de la réputation qu'on leur prêtait. Ils ont fini par s'en accommoder dans la mesure où, loin d'éloigner les visiteurs, elle les attirait. Ce qui est déplaisant pour l'amour-propre, mais agréable pour la balance commerciale.

Je tiens néanmoins à éviter à tous ceux qui ont l'intention de faire construire une résidence secondaire en Provence les mêmes aventures que celles vécues par Peter Mayle.

Il raconte avec infiniment de verve ses démêlés épiques avec les artisans de la région. Il ne se plaint pas de la qualité de leur travail (ce serait un comble !...) mais de leur manque de parole. Ils ne l'avaient pourtant pas pris en traître et à la question inévitable : « Quand pensez-vous commencer les travaux ? » les représentants de tous les corps de métiers avaient répondu au conditionnel avec une égale bonne foi :

– *Normalement, ce serait vers le...*

Il convient de préciser qu'avec une délicatesse qui l'honore, Peter n'a pas osé demander quand les travaux seraient terminés. Dans ce cas, les réponses auraient été plus évasives. Alors qu'elles ont été sans équivoque, pour quelqu'un qui, bien entendu, sait en quoi consiste la « normalité provençale ». Et c'est là que repose le malentendu...

« Normalement » n'a pas toujours le même sens dans toutes les langues de la terre : en Russie par exemple, cela se traduit par « jamais ». En pays musulman, par « quand Dieu le voudra ». En Amérique du Sud, par « laissez-nous le temps de finir la révolution ». En Angleterre, par « quand les syndicats le permettront... »

C'est sans aucun doute en Provence que la traduction est la plus honnête : « normalement » signifie « dès que nous pourrons !... » Et si vous payez au noir, ça ira encore plus vite... Cela n'est pas typiquement provençal, mais mérite d'être rappelé.

Les « indigènes » ne s'y seraient pas trompés. Ils sont mieux placés que quiconque pour savoir que le temps n'appartient à personne, qu'il vous échappe sans que vous puissiez le retenir et qu'il n'a pas la même durée pour tout le monde.

Là encore, les Provençaux se conduisent en stoïciens raisonnables, ils font « leur possible ». Mais ce n'est pas parce que la mort arrive toujours trop tôt que les trains doivent être en retard.

« Clichés » et cartes postales

Dans leur vie de tous les jours, les Provençaux se conduisent, malgré les apparences, en vrais disciples d'Épictète. Ils distinguent spontanément les choses qui dépendent de nous de celles qui n'en dépendent pas ; la Provence est le seul pays où il fait beau même quand il pleut. D'ailleurs, dans l'œuvre de Pagnol, il ne pleut jamais. C'est une question de principe.

N'ayant pas plus que les autres le contrôle de la pluie, ils ne saluent sa présence que pendant les périodes où ils en ont besoin et nient son existence quand elle les dérange. Quand il fait mauvais temps chez eux, ce qui est bien plus fréquent que les estivants ne le pensent, ils se consolent en se disant que c'est encore pire ailleurs. Ici il ne fait pas toujours beau : il fait meilleur.

Le présent n'existe que grâce aux messages de regret et d'espoir légués par le passé...

Chapelle Saint-Roman, près de Beaucaire.

Page précédente :
Sur le plateau des Baux, assiégé par des fantômes de pierre...

Château des Baux.

*Les vieilles pierres rajeunissent
quand on vient leur rendre visite…*

Les Baux.

*Page suivante :
Ouvrir les yeux pour la première fois
un jour de printemps sur un champ d'amandiers
en fleurs, on ne s'en remet jamais tout à fait.*

*N*aviguer sur les embruns des collines...

Près d'Ansouis, dans le Luberon.

Page suivante :
*H*eureusement, le passé refuse de se laisser engloutir
et ses traces surgissent sans prévenir au détour d'un chemin...

Vitrolles, la vieille ville.

« *Qui n'a pas vu Avignon du temps des Papes, n'a rien vu.*

Par la gaîté, la vie, l'animation, le train des fêtes, jamais une ville pareille... »

Alphonse Daudet, Lettres de mon moulin.

La Provence se montre plus qu'elle ne se « laisse entendre ».

Les catastrophes naturelles ne les épargnent pas plus que les habitants des autres régions de France. Parfois même, ils peuvent, d'inondations en incendies, avoir le sentiment d'être spécialement gâtés. Alors, le premier moment de déprime passé, ils veillent à tirer de ces fâcheux événements la seule conclusion raisonnable : obtenir le maximum de compensations financières de la part des pouvoirs publics. Ce qui ne les console pas entièrement mais atténue sensiblement leur chagrin.

Ce sont là péripéties purement domestiques. Elles ne présentent aucun intérêt pour ceux qui ont la courtoisie de venir dépenser chez nous l'argent qu'ils ont gagné ailleurs. Le récit de nos déboires non seulement les importunerait, mais ils n'y croiraient pas. Il n'y a aucune raison de décourager des gens si pleins de bonne volonté. Pour eux, la Provence est un calendrier des Postes garanti grand teint.

Quand ils arrivent dans notre région, nos visiteurs ont déjà la tête tapissée de cartes postales en couleurs indélébiles. Elles n'ont pas pour vocation de faire connaître la réalité d'une région, mais de vous donner envie d'y aller ; au ramage nécessairement enthousiaste de celui qui vous envoie ses bons baisers se glisse l'intention hypocritement affectueuse d'exciter votre jalousie sous prétexte de vous donner de ses nouvelles. Dans ces conditions, on ne voit pas comment l'image du recto pourrait présenter le risque de démentir l'image du verso, en offrant autre chose que son meilleur profil.

À ce train, la Provence est devenue, avant même que vous n'y ayez jeté un œil, une collection de « clichés » qui empêchent de la découvrir dans sa réalité profonde. C'est bien dommage, car elle est vraiment elle-même, non quand elle s'affiche mais quand elle se laisse désirer. Ces pages essaient de la faire apparaître avec les secours des mots aussi bien que des images dans les moments mêmes où elle fait de son mieux pour passer inaperçue.

Michel Tournier nous a appris à tous qu'il ne suffit pas de regarder une photo : il faut la LIRE. Le bain chimique dans laquelle on la plonge ne révèle que son apparence. Son véritable « révélateur », c'est celui qui la déchiffre avec un regard aussi visionnaire que celui de son auteur.

Ce texte n'a pour mission que de libérer les images que les photos tiennent captives. Pour se montrer, la Provence doit aussi se « laisser entendre ».

Provence des mots, Provence des ruines

La Provence n'est savoureuse (ici on dit « goûteuse ») que si elle est vagabonde et buissonnière. On la découvre d'abord avec les mots. Les yeux fermés, on sait où l'on se trouve dès la première bouchée. Selon l'endroit, ils se savourent comme des figues, fondent comme des tranches de melon ou râpent le gosier comme des gratte-cul... La Provence est un festin de mots et le langage la meilleure des tables d'orientation.

Si donc on tient absolument à fixer des frontières à cette région, il vaut mieux s'adresser aux écrivains et aux poètes plutôt qu'aux technocrates. Quoi qu'ils fassent ils ne me feront jamais croire que j'habite la P.A.C.A. (Provence-Alpes-Côte-d'Azur). Seuls les mots justes ne paient pas de droits de douane. On peut les emporter avec soi. Même en exil.

Les innombrables lignes de démarcation tracées par l'Histoire au cours des siècles ne se sont jamais complètement effacées, mais elles deviennent de plus en plus difficilement perceptibles à l'œil nu. Heureusement, le passé refuse de se laisser définitivement engloutir et ses traces surgissent sans prévenir au détour d'un chemin, sans s'être fait annoncer par un dépliant publicitaire. On dirait qu'elles appellent au secours. Je vois des larmes dans leurs rides et de l'angoisse dans leur regard. Elles n'ont pourtant peur ni de la décrépitude ni de la mort. Elles redoutent l'avenir qu'on leur promet.

Autour de ces ruines s'affairent les futurs Viollet-le-Duc. Ils rêvent à de nouveaux Carcassonne... Ils parlent sérieusement de construire une fausse-vraie cité romaine au pied du pont du Gard pour attirer les marchands d'authentiques bustes romains fabriqués à Taiwan. Je me suis laissé dire qu'on projetait de « réhabiliter » le château des Baux en le transformant en caravan-sérail quatre (ou six) étoiles et que Montségur serait bientôt, si la conjoncture le permet, reconstruit à l'identique avec, sans doute, la climatisation en supplément et un pont-levis électrique à deux vitesses !

Courage, fuyons ! Allons chercher refuge auprès de ceux qui maintiennent la Provence vivante en mettant des mots vrais au service de leur imagination. C'est cette Provence imaginaire qui permet à l'autre, celle que nous vivons tous les jours, de surmonter les tragédies qui ont jalonné son histoire et les emmerdements contemporains qui l'accablent. Cela n'empêche pas les archéo-logues, préhistoriens, protohistoriens, historiens et chercheurs en tous genres de poursuivre leurs travaux. Bien au contraire. Ils fournissent à nos rêves encore plus de densité.

Au nord, vers les Alpes, Paul Arène nous attend au seuil de sa Provence gavotte. Elle a un goût de châtaigne et d'ail vert. Montez jusqu'à la citadelle (non réhabilitée) qui domine Sisteron. Nous sommes ici au pays des « buis amers et des œillets sauvages ». Sur le versant sud, les oliviers au feuillage d'argent ouvrent un chemin de lumière. Sur le versant nord, les châtaigniers au pelage sombre vous conduisent jusqu'au pied des sommets où se fomentent les orages. Le ciel lui-même est coupé en deux : « sol y sombra », ombre et lumière. Ici la Provence lance un dernier appel au secours. La citadelle monte la garde.

Jacques Audiberti, seigneur d'Antibes, se passe de citadelle. Il a mis son patrimoine sous la seule protection de son vocabulaire personnel. Avec lui, les chiffons ne sont plus des chiffons mais des « *estrasses* », et dans sa Provence qui sent l'iode et le mimosa son pouvoir s'arrête au moment où la chauve-souris cesse de s'appeler « *la rate penado* » (la souris empennée), la souris ailée, la souris qui vole... Cela peut paraître un critère bien menu mais, d'un pays où les souris cessent d'être simplement chauves pour devenir volantes, on est bien obligé de constater qu'il est plus doué que les autres pour la métaphore. Et, par la même occasion, d'admettre que la langue, si elle constitue la barrière la plus difficile à tracer, est à la fois perméable et infranchissable.

Oc et Oïl sont des réalités historiques.

Elles n'ont cessé de se combattre et de faire l'une et l'autre des incursions si fréquentes et de s'interpénétrer de façon si entremêlée qu'on a parfois du mal à s'y reconnaître et souvent envie de donner sa langue au chat.

Pour Mistral, la capitale de la Provence, et accessoirement de la France, ne pouvait être que Maillane, son village. Ses mots à l'odeur de blé mur et de raisin noir régnaient sur la Crau, la Camargue, les Alpilles, le Luberon, le Ventoux, les Basses-Alpes (devenues par la suite Alpes-de-Haute-Provence, ce qui n'a rien changé ni aux paysages ni aux habitants). Le long de la mer, il ne poussait pas plus loin que Cassis. Au-delà débutaient les terres irrédentes où poussent des mots qui sentent le jasmin et le parfum de luxe. Il semble pourtant que les héritiers de Mistral ait mal compris l'essentiel de son message. Il tient dans les vers du sonnet intitulé « La Comtesse », où il écrit :

Ah ! si vous vouliez bien m'entendre...
Ah ! si vous vouliez me suivre...

On a l'impression que les Félibres actuels croient lui être fidèles en le répétant à l'identique, alors qu'on est vraiment le disciple d'un maître que dans la mesure où l'on va plus loin que lui. On ne « suit » quelqu'un que si l'on arrive à le dépasser... Le résultat fait que le provençal, à force de vouloir se maintenir, devient une langue morte. Et c'est vraiment dommage.

Restons-en là, pour le moment. On m'annonce que la soupe au pistou est prête. À l'odeur, on dirait un poème de Roumanille.

Du bon usage de la « métaphore »

Le Provençal sait de naissance la différence qu'il y a entre une comparaison et une métaphore. Comparer, c'est prendre ses distances avec l'être, l'objet ou l'événement auquel on le compare. Employer la métaphore, c'est au contraire s'identifier à lui. Le mistral, on l'a vu, n'a pas seulement la fougue du taureau,

77

il en a les cornes. Du mont d'Or, au pied duquel Manosque fait la sieste, Giono ne dit pas : « On dirait un sein de matrone » ; il écrit : « *C'est un sein de matrone* » et le prouve en nourrissant son écriture de ce lait maternel.

Le langage populaire obéit aux même règles. Les paroles et la musique sont livrées en même temps.

Hier soir encore, j'ai dîné avec mon ami Joseph Rey, curé de Graveson. Il a une belle âme et un solide coup de fourchette. Il paraissait moins réconcilié avec lui-même que d'habitude :

– Pardonne mon camembert.

– Il sera peut-être bon...

– Tu ne trouves pas qu'il est sur le point de « s'abandonner » ?

Ailleurs on aurait dit qu'il « coulait ». Et sans doute l'aurions-nous laisser faire naufrage sans lui venir en aide. Mais comment rester insensible à l'appel de détresse d'un fromage qui est sur le point de se laisser aller ? Il lui restait assez de force pour vivre jusqu'au terme de son destin. Nous nous sommes donc hâtés de lui porter secours et nous n'avons pas eu à nous plaindre. Ce qui prouve bien qu'un bienfait n'est jamais perdu, et qu'en Provence on veille à employer le mot juste. Les autres ne fournissent que des images approximatives.

Les mots bien choisis sont notre seule sauvegarde. Ils nous ont permis de tenir bon, à force de travail sur une terre ingrate et sèche, nous qui passons pour paresseux ! Ils nous ont aidés à résister à des siècles de massacres, famines, pestes, épidémies, tremblements de terre, catastrophes en tout genre, dans un pays qui continue de passer, quoi qu'il lui arrive, pour béni des dieux.

De toutes ces « contrariétés », ils ont réussi à faire surgir un art de vivre qui ne retient des tragédies de l'Histoire que les moments de plaisir et les promesses de bonheur. Ils ne nous autorisent pas à nier l'évidence mais nous incitent à voir dans le mauvais temps l'annonce du soleil, et dans la guerre une promesse de paix.

*Allons chercher refuge auprès de ceux qui maintiennent la Provence vivante
en mettant des mots vrais au service de leur imagination.*

Lançon.

La Provence montant
à l'assaut des Alpes.

Sisteron.

L'église ne gouverne plus les âmes, mais ses cloches continuent de régenter nos emplois du temps.

La Brigue.

Page suivante :
L'antichambre du paradis terrestre.

Les Alpilles.

Dieu ne peut se passer du diable...

Prieuré de Ganagobie.

■

Page suivante :
La Provence ne fixe jamais de rendez-vous mais elle vous attend au bout de tous les chemins.

La Cadière-d'Azur.

■

Pages 86-87 :
14 Juillet chez les lavandes...

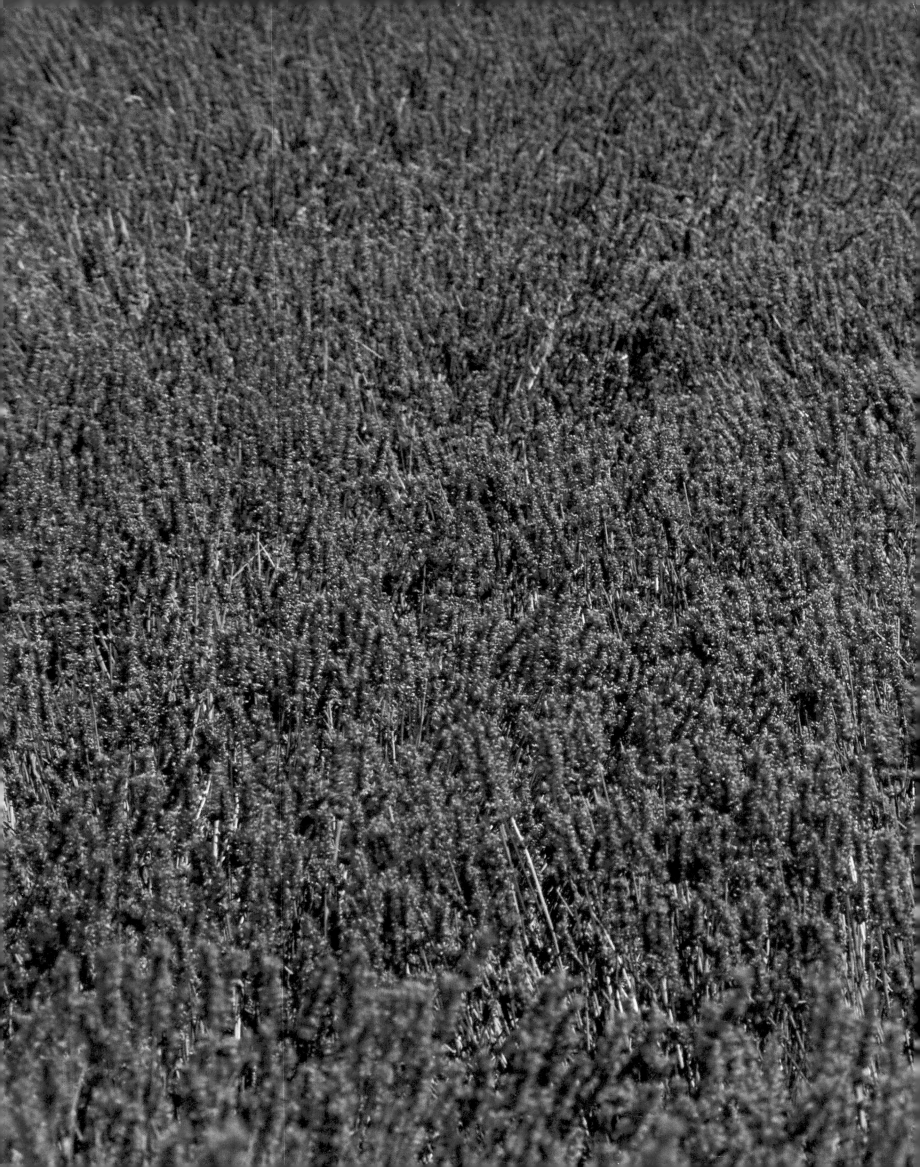

Le ciel et l'enfer

L'imagination, en Provence, est le plus fiable des guides à condition d'en faire un usage plus exigeant qu'ailleurs. Ce n'est pas elle qui vous trompe mais vous qui vous trompez sur elle si vous lui faites une confiance aveugle. Elle ne cesse de vous envoyer des messages qui n'ont jamais prétendu conduire tout droit à la vérité, c'est à vous de faire le tri. Elle ne vous fixe pas de rendez-vous et il n'y a pas toujours quelqu'un au bout du chemin qu'elle vous a suggéré. Elle est pourtant la seule à vous conduire sur la bonne voie. Sans elle, vous seriez condamné à vivre à la surface des êtres et des choses, mais elle a besoin, pour être efficace, que vous vous mettiez entièrement à son service et que vous soyez perpétuellement attentif.

Un parfum saisi au vol, une bribe de phrase captée à l'improviste, une saveur jusqu'alors non savourée, la forme inattendue d'un nuage ou d'une pierre, une touche d'or dans le gris des lavandes, un frémissement d'herbe, une révérence de coquelicot, une bête à Bon Dieu qui s'envole, saisie par une panique irraisonnée, tout peut devenir prophétie et vous conduire aux rives d'Amériques toutes proches et pourtant insoupçonnées.

Une mouche violette et noire qui fait un sur place frénétique au-dessus d'un cercle de terre calcinée, pour qui sait lire les signes, annonce la présence sous la terre d'une planète minuscule et miraculeuse : la planète Truffe, en qui sont rassemblés pour le bonheur des hommes tous les sucs que la matière distille depuis ses origines. Dans la plupart des mythologies de la Méditerranée, le paradis est au-dessus de nos têtes, l'enfer dans les entrailles de la terre. La topographie des Provençaux est nettement moins tranchée. L'enfer les attend à toutes les frontières. Trop de catastrophes leur sont tombées sur les épaules pour qu'ils attendent leur salut de ce qui nous vient d'en haut. Quand ils lèvent les yeux vers le ciel, même s'il est limpide et calme, c'est toujours avec la peur de le voir changer d'avis. Au ras des boutons-d'or, sur une mince pellicule de terre arable, à la surface mouvante de la mer, là se trouve le fragile paradis que les hommes ont façonné à leur image.

Marseille est une île

Personne, au départ, n'a songé à vous mettre au courant : Marseille n'est pas en Provence. Elle lui tourne même ostensiblement le dos.

Je suis sûr que vous n'avez jamais entendu parler du « Vallon des Assassins ». Il faudra tout de même en passer par là avant que vous puissiez vous mettre sous la protection de la « Bonne Mère ».

Votre diligence ne risque plus d'être attaquée par les bandits de grands chemins qui vous « espéraient » à l'entrée (en Provence « espérer » c'est tout simplement attendre). Il n'y a plus de diligences et les bandits se sont repliés au bord de la mer mais Marseille est une île. Elle n'est entourée d'eau que d'un seul côté mais, pour y arriver de l'intérieur, il a fallu trouer les collines qui lui servent de rempart contre les invasions venues du nord.

Elle ne s'ouvre que sur la mer et longtemps elle a eu « la terre entière pour banlieue ». Du train où vont les choses ne lui restera bientôt plus que le château d'If, tous les jours, et la Corse, les jours où les marins ne sont pas en grève. Le passé marseillais vient de la mer. Il ne faudrait pas que son avenir soit à l'eau.

À l'entrée du port, le fort Saint-Jean et le fort Saint-Nicolas semblent veiller sur la cité. En réalité, tant qu'ils ont eu des canons, ils n'étaient pas braqués vers le large mais pointés sur la ville ; ils n'avaient pas pour mission de protéger les Marseillais mais de réprimer leur turbulence naturelle. Sous quelque régime politique que ce soit, il n'a jamais été facile de faire vivre en bonne intelligence des Ligures, des Ibères, des Celtes, des Grecs, des Romains, des Berbères, des Arabes, des Arméniens, des Turcs et des Parisiens.

L'histoire de Marseille est un règlement de comptes sanglant qui dure depuis des siècles. Que la ville y ait survécu, qu'elle ait longtemps prospéré, qu'elle soit parvenue jusqu'ici à trouver son identité dans ses différences, ses contradictions et ses affrontements, cela suppose un certain nombre de vertus dont le reste du pays ne se doute guère. Notamment l'obstination, la puissance de travail, la sobriété, la discrétion, la pudeur...

Exactement le contraire des défauts que lui prêtent les gens de passage dont l'énergie se trouve momentanément amoindrie par la température et le jugement faussé par l'air marin...

Pagnol serait responsable de cette incompréhension. On oublie qu'au moment où il écrivait son œuvre, Marseille était en pleine prospérité. Ses navires sillonnaient toutes les mers du monde. Ses ouvriers creusaient des tunnels, construisaient des entrepôts, des monuments et des usines, aménageaient des kilomètres de quais et « *nourrissaient le monde entier de la force de l'Afrique* ». Le peuple marseillais, assuré de sa force et de sa vaillance, n'hésitait pas à se moquer de ses travers. Il pratiquait l'autodérision, se payant de mots pour se consoler de ses misères. Il se reconnaissait dans sa caricature mais à la condition que ce fût lui qui l'ait dessinée. Que cela fît rire les « Parisiens », d'où qu'ils vinssent, ne le gênait pas outre mesure et le confirmait au contraire dans la certitude qu'ils étaient encore plus couillons qu'ils n'en avaient l'air.

En la conjoncture actuelle, l'atmosphère marseillaise serait plutôt à l'agacement. De tout temps Marseille a été difficile à comprendre. En ce moment, même ses habitants sont à sa recherche. Vous qui n'êtes qu'en visite pouvez avoir le coup de foudre, ou rester à la porte toute la vie.

Il y a des villes qui montrent leur beauté sans se faire prier. Elles l'étalent même, Marseille la cache au contraire. Elle expose en revanche ses laideurs et ses plaies comme pour tenter de vous décourager. Entre Marseille et vous, il ne peut y avoir qu'une passion charnelle. Elle sent la cannelle, le coquillage et le melon mûr. Elle crie trop fort pour qu'on puisse entendre son silence.

« *Ce qui compte dans un port,* a écrit Albert Londres, *ce ne sont pas les bateaux mais les pianos mécaniques.* » Il n'y en a plus guère autour du

Vieux-Port mais ils vous accompagneront en sourdine pendant tout notre voyage. Nous partons en croisière sur les embruns figés des collines.

Au loin la mer sourit.

Le donneur de conseils

Il n'y a jamais eu autant de gens bien intentionnés qui essaient de nous expliquer la Provence, de nous en vanter les mérites, de nous ouvrir les yeux, de nous instruire. Ils ne sont pas méchants. Ils ne demandent qu'à bien faire.

Ils agacent parfois.

Je me trouvais l'autre jour chez Bob au mas du Petit-Antonelle, en pleine Camargue agricole. C'était l'heure où chacun se sent réconcilié avec lui-même et avec le genre humain tout entier. Il y a ainsi des moments où l'on éprouve encore plus de satisfaction que d'habitude à ne pas être mort. Notamment à la fin du déjeuner hebdomadaire que nous partageons avec Autheman, le dessinateur-peintre-écrivain-architecte-scénariste-musicien à qui rien de ce qui est humain (et féminin) n'est étranger. L'anchoïade et la poutargue avaient hissé la « Cuvée du Notaire », honnête A.O.C. sans prétention, au niveau des premiers grands crus classés. Le bien-être qui nous avait envahis nous disposait à l'indulgence et aux idées générales. Nous nous apprêtions donc à reconstruire une fois de plus la Provence — et l'univers tout entier par la même occasion — à l'image de nos rêves lorsque Gustine-Raplot (ce n'est pas son nom, mais ils seront plusieurs à se reconnaître) vint s'installer de sa propre autorité à notre table.

Il est possible, mais ce serait surprenant, que vous n'ayez jamais entendu parler de cet encombrant personnage. Il ne lui a fallu que quelques mois pour être considéré comme le plus redoutable emmerdeur des basses latitudes. Ce n'est pas un mauvais bougre, mais il n'a réussi qu'à nous pomper l'air à force de vouloir nous rendre heureux sans nous demander notre avis.

Il se sent capable de résoudre les problèmes compliqués qui se posent à notre région. C'est un spécialiste de l'universel. Il expose à tout venant ses ingénieuses solutions avec une éloquence sans faiblesse. Il n'est jamais aussi sûr de lui que quand il parle de ce qu'il ignore ou qu'il vient à peine de découvrir. Il tenait aujourd'hui à nous développer son plan pour la mise en valeur rationnelle du delta camarguais.

Les Provençaux ont toujours attiré les donneurs de conseils venus d'ailleurs, et tous ces hurluberlus sentencieux qui nous prennent pour des cobayes et viennent expérimenter chez nous les méthodes audacieuses qu'ils se gardent bien de mettre en pratique chez eux. Nous ne les avons pourtant jamais appelés au secours et nous sommes contentés pendant longtemps d'encaisser leur subvention sans nous préoccuper outre mesure de tenir compte de leurs avis.

La ballade des imbéciles heureux qui sont nés quelque part

Un refrain de Brassens que les Provençaux ont l'occasion de chanter tous les jours en silence. Paradoxalement, depuis que nous sommes officiellement régionalisés, les « étrangers venus du dehors » ont tendance à se conduire envers les populations locales comme des tuteurs affectueux, des maîtres à penser, des directeurs de conscience et, pis encore, des contrôleurs de dépenses engagées.

Je sais bien que ce n'est pas dramatique. Il ne s'agit que d'un mauvais moment à passer. Ils finiront bien par se calmer et les choses ne tarderont pas à rentrer dans l'ordre.

Avec Gustine-Raplot, en revanche, cela risque de durer longtemps. Il considère sa mission comme un sacerdoce et ses échecs comme des encouragements. Il est devenu en quelques semaines l'un des piliers de la vie associative du département. Non seulement nous n'avons pas contrarié son ascension mais nous l'avons facilitée : lui confier des responsabilités était la façon la plus efficace (et la plus courtoise) de l'empêcher de nuire. Nous feignons d'approuver, pour qu'il reste tranquille, tout ce qu'il nous propose mais nous continuons de faire à notre idée. Et tout le monde y trouve son compte.

Jusqu'à présent, le système a fonctionné sans accroc mais aujourd'hui Gustine-Raplot a l'air moins sûr de notre approbation que d'habitude. Nous n'avions pourtant pas soulevé la moindre objection... Comment aurions-nous pu le faire, puisque nous n'avions pas écouté ce qu'il nous avait solennellement enseigné.

– Vous n'avez pas l'air d'accord ?

– Mais si... bien sûr.

– Vous avez peut-être des remarques à faire ?

– Aucune.

– Je comprendrais que, sur des points de détail, nous puissions différer. Après tout, cela fait plus longtemps que moi que vous êtes dans la région.

Cet « après tout » me causa une soudaine irritation. Au point que je ne pus m'empêcher de déclarer avec un rien d'emphase :

– Mon père était d'Avignon, ma mère de Marseille, mais je suis arrivé à Arles il y a à peine un peu plus de quatre-vingts ans.

Je m'offre même le luxe d'ajouter :

– D'ailleurs, je n'y habite pas toute l'année...

Gustine-Raplot hoche gravement la tête :

– Quatre-vingts ans, même à mi-temps, c'est trop, soupira-t-il. On a le regard qui s'use. Pour juger sainement une situation, il faut conserver un œil neuf...

Il se tourne alors vers Autheman, qui se désintéresse ostensiblement du débat :

– Et vous, demande-t-il d'un air sourcilleux, cela fait longtemps que vous « traînez » dans le coin ?

Mon collègue sursaute comme si on l'avait tiré du sommeil et dévisage son interlocuteur de bas en haut :

– Depuis le treizième siècle seulement...

Gustine-Raplot ne peut réprimer une manière de haut-le-cœur. Il a un instant l'impression qu'on vient de se payer sa tête mais, dans le doute, il préfère prendre précipitamment congé pour aller ailleurs scruter de son « œil neuf » d'autres aspects de la réalité provençale. Avant que je ne pouffe, Autheman m'invite à rester calme :

– En fait, avoue-t-il en rentrant la tête dans les épaules, ma famille n'est dans la région que depuis le seizième siècle... Mais je tenais à ce qu'il n'en fasse pas trop. C'est un brave homme. Il ne dit pas que des bêtises. Il y a des choses à prendre dans ce qu'il raconte... Mais avant de nous prendre pour des imbéciles heureux, il aurait quand même intérêt à nous demander ce qu'on en pense.

Bob avait gardé le silence pendant toute la discussion mais, avec la discrète efficacité qui est la sienne, il s'était contenté de faire apporter un nouveau flacon de la Cuvée du Notaire. Pour le moment, c'était ce qu'il y avait de mieux à faire.

Le « Gros Homme » et la soupe au pistou

Vous êtes devenus, j'en suis sûr, d'authentiques voyageurs. Vous n'avez pas fait tant de kilomètres uniquement pour confronter les dépliants touristiques à leur support. Vous êtes décidés à découvrir par vous-mêmes la région qu'on vous a livrée clefs en main. La connaissance des êtres commence à vous intéresser autant que la contemplation des paysages et la visite des monuments. Elles se complètent et s'éclairent mutuellement.

Vous avez cessé de considérer les « naturels » comme des bêtes curieuses car vous avez fini par vous apercevoir que vous en étiez aussi à leurs yeux. Vous commencez à comprendre que votre propre accent est, à leurs oreilles, aussi curieux que le leur aux vôtres. Peut-être même avez-vous fini par remarquer qu'il y avait dans ce fameux « accent du Midi » d'énormes différences de village à village et même de quartier à quartier. En tout état de cause, l'accent provençal, le « parler doux », n'a rien de commun avec celui que la télévision nous prête dans ses messages publicitaires. On y entend des sociétaires à part entière de la Compagnie des Chargeurs Réunis tenter de nous persuader que la « chemiseu blancheu de Madame Blancheu est moins blancheu que la chemiseu roseu de Madame Roseu ».

Ce qui, d'ailleurs, n'est pas prouvé.

Il y a soixante ans déjà, Marcel Pagnol créait dans *Fanny* le personnage du « Gros Homme ». Il s'appelait aussi Marius, bien entendu, il avait des guêtres de cuir et le casque colonial, portait la barbe à deux pointes, et l'idiome dans lequel il s'exprimait était encore plus étrange que son accoutrement :

— *Eh biengue, mademoiselle Fannylle, votre mère n'est pas à la poissonne-rille... Ô bagasse de Tron de l'air ! Tron de l'air de bagasse ! Qu'elle n'oublille pas de me faire porter ma bouillabaisse de chaque jour ! Moi c'est mon régime. Le matin, des coquillages. À midi, la bouillabaisse. Le soir, l'aïoli... Qu'elle fasse livrer le tout à Monsieur Mariusse, 6 rue Canebière, chez Monsieur Olive. Tron de l'air de mille bagasses !...*

— *Pour moi, ce doit être un « Parisien »*, avait conclu sagement César.

Vous n'êtes pas plus le « Parisien » que les Provençaux – quel que soit leur tour de taille (et ils seraient plutôt sveltes en ce moment) – ne sont le « Gros Homme ». Il n'existe pas. Comment voudriez-vous qu'ils comprennent ? Il faut d'abord qu'ils découvrent le sens secret de la soupe au pistou, mais je dois auparavant parler des surnoms.

La Provence des surnoms

Leur usage date de l'époque où les habitants des villages isolés se voyaient contraints de se marier entre eux. Maintenant encore, malgré les progrès de la

Sous nos villes de Provence dorment plusieurs autres villes qui ne demandent qu'à se réveiller.

Cryptoportiques d'Arles.

Page précédente :
Le ciel délivre en permanence des messages obscurs...

Pays de Viens.

Ce toit tranquille où poussent les tombeaux...

Chapelle de Saint-Roman, près de Beaucaire.

Les rapides délices des plus beaux de nos jours.

Sanary.

Page suivante :
Marseille est une île où on accède par la route.

*La banlieue de Marseille
commence au château d'If
et se termine à Saigon.*

Départ pour la pêche ou retour de croisade ?

Port de Toulon.

Page précédente :
Bois flotté ou baleine échouée...

Plage de Beauduc.

Page suivante :
Dialogue étincelant entre le sel de la mer et la lumière du ciel.

Salines de Giraud.

Dans les rues étroites de nos vieilles villes, on ne peut s'engager qu'en « serrant les coudes ».

Aix-en-Provence.

circulation et les apports extérieurs, nombre de leurs habitants portent le même nom de famille. À ce patronyme hérité s'ajoutait heureusement, au cours de leur existence et, parfois, dès leur naissance, un surnom ou un sobriquet qui permettait de les distinguer les uns des autres et de les reconnaître au premier coup d'œil. Il racontait l'essentiel de leur histoire, révélait le trait dominant de leur caractère, leurs particularités physiques ou simplement leur métier. Cet usage permettait aux prénoms des gens du commun de survivre presque aussi longtemps que ceux des rois de France. Dans mon village notamment, on continue d'évoquer volontiers la mémoire d'une certaine « Berthe la Boiteuse » (qui avait, dit-on, un rude tempérament) alors que Berthe au Grand Pied n'a laissé aucun souvenir dans la mémoire collective.

Tant qu'on ne connaît pas le sobriquet de quelqu'un, on ne sait pas vraiment à qui on a affaire, et tant que vous ne connaissez pas le vôtre, vous ne savez pas – et peut-être vous ne saurez jamais – ce que les gens pensent de vous. Vous n'aurez qu'une existence improbable. Vous serez, selon le cas, le « Gros Homme » ou le « Parisien ». C'est-à-dire personne.

Le surnom complétait l'état civil. C'était bien pratique. On savait sans jamais l'avoir rencontrée, au simple énoncé de son nom, que « Berthe la Boiteuse » était volage, ce qui permettait de ne pas la confondre avec « Marcelle la Gloutonne » qui n'avait jamais trompé son mari Augustin, dit le Tremblant.

La communauté qui, elle aussi, avait un surnom qui révélait la mentalité générale (vous connaissez déjà les « arrogants » de Fontvieille) ne s'en portait que mieux.

La soupe au pistou

Je peux maintenant vous parler de la soupe au pistou. C'est un sujet aussi important que le précédent et qui, malgré les apparences, présente avec lui une troublante similitude. Ce qui fait la saveur de cette admirable soupe, c'est la diversité des légumes qui la composent. Ils se trouvent rassemblés non pour se disputer, mais pour se mettre mutuellement en valeur.

Ce que je dis là, Dieu me garde ! ce n'est pas de la politique. J'essaie simplement d'améliorer votre condition d'hôte de passage. Je souhaite que vous vous sentiez aussi à l'aise chez nous qu'un haricot coco cohabitant avec un haricot rouge et un haricot vert dans une soupe de basilic. Sinon, malgré la cordialité de l'accueil, vous éprouveriez très vite un sentiment déplaisant d'exclusion et risqueriez de penser que le tourisme n'est finalement qu'une forme d'exil provisoire, confortable (et coûteux).

Je me demande quand même si, au temps où les surnoms étaient la règle, il n'aurait pas été plus facile de faire l'Europe que maintenant. On l'aurait organisée comme une table d'hôtes et non comme une banque à succursales multiples.

Mais je me mêle une fois de plus de ce qui ne me regarde pas.

Les graves soucis de Monsieur le Maire

Y aura-t-il encore longtemps des Provençaux en Provence ? Nous étions sur les bords de l'étang de Berre, et Monsieur le Maire prenait le pastis avec des amis de la Résistance. Il était dans un état de perplexité si douloureux qu'il regardait son verre sans le porter à ses lèvres. À peine avions-nous échangé notre poignée de mains qu'il m'interpellait avec véhémence :

– Vous me connaissez depuis cinquante ans et vous le savez bien que je ne suis pas raciste.

– Raciste ! Vous plaisantez !

– Je ne plaisante jamais avec ces choses-là. Ces braves amis ont pu s'en apercevoir eux aussi. Ils me conservent toute leur confiance, mais je ne sais plus ce que je dois faire...

Le brave homme me consultait du regard, mais ne connaissant pas le sujet qui le préoccupait je ne pouvais lui faire aucune suggestion.

– Figurez-vous, poursuivit-il, que la semaine prochaine, on m'envoie, sans m'avoir demandé mon avis, huit cents Turcs d'un seul coup. Sans leur femme. Sans leurs enfants. Sans même leurs curés. Je vais les loger dans des préfabriqués. Comment voulez-vous que je m'y prenne pour en faire en six mois des Provençaux d'origine ?

Il avait l'air hors de lui. En plus, il l'était.

Un de ses copains de maquis tint pourtant à le pousser à bout, mais c'était juste pour le plaisir de le faire enrager :

– Ton collègue de Fos-sur-Mer a pourtant bien réussi avec les Lorrains qui ont quitté leur région pour venir s'installer dans le Golfe. Comment il s'y est pris ? Il est plus fort que toi, non !

Monsieur le Maire ne s'est pas laissé piéger :

– Attention ! C'était pas tout à fait pareil. Et même pas pareil du tout. Les Lorrains, d'abord, ils sont venus en famille avec femmes et enfants. Et les parents, il faut bien le reconnaître, ils ont eu bien du mal à s'y faire à notre climat et à notre façon de voir les choses, mais leurs petits, regarde-les maintenant. Tu fais plus la différence d'avec nous et, quand ils gagnent les concours de boules, personne ne crie à la concurrence déloyale.

Alors seulement Monsieur le Maire, la conscience presque en repos, s'est senti autorisé à boire une gorgée de sa liqueur anisée avant qu'elle ne tiédisse. Mais il m'a semblé qu'il lui trouvait moins bon goût que d'habitude.

Au vrai loto provençal

Si vous vous trouvez dans la région pendant la période des fêtes de Noël, profitez de votre passage pour assister à la Messe de Minuit, l'une de nos spécialités locales les mieux réussies. Assortie de son « pastrage » (offrande d'un agneau nouveau-né à l'Enfant-Dieu qui vient lui aussi de naître), costumée à l'ancienne, chantée en provençal, elle ne manque ni d'innocence ni de

111

ferveur, ce qui vous donne une chance de retrouver, pour un soir, votre âme d'enfant. « Occasion à ne rater sous aucun prétexte. »

Je me permets de vous conseiller d'aller attendre l'heure de la messe au bistrot... Les cafés sont tous bondés pendant toute la durée des fêtes (et même au-delà).

Autre occasion à ne pas rater sans motif grave : celle de vous initier au loto provençal. En son principe, il ne diffère pas des autres, mais on y met plus d'éloquence et d'ardeur. On y gagne de la volaille, du nougat, du vin cuit, des bouteilles d'apéritif, des jambons et parfois des moutons entiers. Il est même arrivé qu'on y mette en jeu un taureau dans la force de l'âge ! Il a été gagné par un ami à moi. Il travaillait pour le Trésor public. Il est maintenant gardian en Camargue et possède sa propre manade.

La différence essentielle du loto provençal avec le loto ordinaire provient de ce que l'animateur assortit l'annonce des numéros d'un commentaire traditionnel que la foule reprend en chœur :

– le 1... Le « petit » dans son coin.

– le 11... Les jambes de ma grand-mère. *Li gambe de ma gran...*

– le 90... S'annonce le « nonante » et s'énonce *le papet..*

Mais quand sort le 75... chaque village a son interprétation personnelle. Où que ce soit, une clameur de réunion publique jaillit de la salle unanime :

– Les « envahisseurs » sont parmi nous !

Ne vous affolez pas quand même... Vos jours ne sont pas en danger ! Les « Parisiens » ne sont pas chassés à coups de fourche, même si certains restaurateurs les reçoivent parfois « à coups de fusil ». Ils sont au contraire souhaités et traités en bienvenus. Mais il vaut mieux qu'ils sachent qu'ils sont mis automatiquement, sinon en examen, du moins en observation.

La Provence a l'habitude des invasions. Jusqu'ici, elle a trouvé des parades. Elle semble moins menacée aujourd'hui, mais la méfiance couve et peut se réveiller à tout instant. Et dans ce cas, elle prouve que les armes verbales ne lui suffisent pas.

« Il n'y a qu'un menteur
en Provence : le soleil. »
Alphonse Daudet.

Arles.

Le berger a toujours dans la main le roi qu'il a lui-même sculpté.

Bâton de berger, museon Arlaten, Arles.

114

Il est né le Divin Enfant.

*Messe des bergers
pour l'Épiphanie
à Raphèle-lès-Arles.*

115

Cabane traditionnelle de gardian.

Les boules

Même si vous n'êtes pas joueur vous-même, vous apprendrez beaucoup sur la Provence en regardant jouer aux boules. Il existe en Provence – je pense que vous êtes au courant – deux sports boulistes différents : la pétanque et la « longue provençale ». Ils ont tous les deux, mais spécialement la pétanque, des vertus à tendance ouvertement mondialisatrice. Ils demeurent dans leur essence assez proches du jeu de billes... Ils sont soumis en revanche à des règles différentes mais qui n'empêchent pas les joueurs de pratiquer les deux disciplines, sinon indifféremment, du moins à tour de rôle. Disons, pour simplifier les choses, que la longue provençale est à la pétanque ce que le bridge est à la belote. Ces jeux exigent une égale adresse, mais je crois qu'on peut dire sans choquer personne que la longue provençale suppose plus de conditions athlétiques.

La simplicité même de ses règles explique, en partie, le succès planétaire de la pétanque et permet à M. Campana d'organiser chaque année à Marseille le Mondial de la pétanque, qui rassemble autant de spectateurs que l'Olympique de Marseille dans ses grands jours. Les participants de cette compétition sont de toutes les races et ne se préoccupent pas de la couleur de leur peau. À plusieurs reprises, le champion du monde avait les yeux bridés ou le teint encore plus bronzé qu'en Provence.

Vous serez d'ailleurs surpris de voir que les Provençaux, d'ordinaire si réservés et qui attendent toujours qu'on fasse le premier geste, n'hésitent pas à vous inviter personnellement à « entrer dans la partie ». Même si vous êtes un joueur médiocre, et même si vous n'avez jamais joué, acceptez sans hésitation ! Ils sont capables de vous laisser gagner pour vous souhaiter la bienvenue. Surtout si la partie n'a pas d'enjeu financier. En revanche, si vous vous « défendez » bien sur les terrains, soyez sur vos gardes. On ne vous fera pas de cadeau, mais votre façon de jouer vaut tous les passeports.

La gloire d'Otello

Monsieur Otello, c'est son prénom véritable, est un professionnel du jeu de boules. L'élégance et la correction avec lesquelles il s'était toujours conduit sur le terrain lui avaient valu le surnom mérité de « Gentleman de la pétanque ». Sa réputation n'était pas cependant parvenue jusqu'à la reine douairière de Siam. Alors qu'elle se trouvait en Suisse, elle assista de sa chambre à une partie de pétanque qui se déroulait sous ses fenêtres. La véhémence débonnaire de ce jeu lui parut convenir à son peuple. Il avait réussi à rester en paix et à conserver son indépendance au sein d'un Extrême-Orient ravagé par l'embrasement de toutes les convoitises. Elle fit donc savoir à son fils le roi qu'elle attacherait du prix à ce qu'il prît les mesures nécessaires pour que la pétanque devînt le sport national thaï.

Le régime de Siam n'est certes pas le plus cruel de l'Asie du Sud-Est mais, pour bienveillant qu'il essaie de se montrer, il faut bien admettre qu'il ne correspond pas tout à fait aux normes démocratiques occidentales. Les désirs du peuple montent plus difficilement jusqu'au roi que ses ordres n'arrivent jusqu'à lui. Si donc Sa Majesté voulait instaurer massivement la pratique de la pétanque dans son État, il lui fallait d'abord initier la Cour à ses subtilités. Par la suite, d'étape en étape, de potentat, local, civil ou militaire, en trafiquant d'objets d'art ou de produits opiacés, elle finirait par atteindre en suivant la hiérarchie descendante de la fonction publique les couches laborieuses de la population : riziculteurs, conducteurs de pousse-pousse, ou cornacs d'éléphants. Entre la non-violence des bonzes et l'agressivité des boxeurs thaïs, le pays trouverait enfin la sérénité.

À cette époque, Otello était représentant dans une grande fabrique de boules. Il fut dépêché en Thaïlande pour remplir cette mission à la fois commerciale et culturelle. Si l'on en juge à ses résultats, ce fut l'un des succès diplomatiques français les plus éclatants de ce second demi-siècle ! Mais dans un pays de vieille tradition monarchique, il convient de respecter les usages de la Cour, et comme notre ami était appelé à fréquenter les plus hauts dignitaires du régime, il fut, pendant la durée des opérations, élevé au rang d'ambassadeur hors cadre à titre temporaire. Ce qui ne l'a pas empêché, comme Cincinnatus, de retourner à sa charrue. C'est-à-dire de reprendre son métier de joueur de boules professionnel...

Si je vous ai raconté cette histoire édifiante, ce n'est pas uniquement pour vous faire sourire, mais pour vous inciter à pratiquer le jeu de boules pendant votre séjour. Il développe à la fois la souplesse et l'agilité d'esprit, car c'est un sport qui se joue autant avec les muscles qu'avec la parole. En principe le règlement précise qu'on ne doit pas « parler sur un coup ». En Provence, on aime les règlements encore plus qu'ailleurs parce qu'ils vous poussent à redoubler d'ingéniosité pour pouvoir les tourner. Participer à un (n'ayons pas peur des mots) « tournoi » de boules, ce n'est pas s'en remettre au jugement de Dieu, mais c'est l'une des méthodes les plus efficaces pour écouter vivre la Provence.

De l'aïoli en général et de la cuisine provençale en particulier

J'ai lu dans un livre de cuisine provençale cette phrase édifiante : « Le Provençal, d'un naturel frugal, se nourrit volontiers d'un quignon de pain frotté d'ail. » Ce « volontiers » m'enchante mais ne m'a pas empêché de constater que, pour frugal qu'il soit, il ne rate pas une occasion d'améliorer son ordinaire. Il n'en reste pas moins que la cuisine provençale est celle d'un pays pauvre, mais qui a le palais exigeant. Il y a certes de très bons restaurants dans la région, mais tant que vous n'aurez pas été invité dans une famille vous ne saurez pas à quel point. Et cela risque de vous en apprendre plus sur la mentalité provençale que bien de savantes études.

Il m'est arrivé de présider dans mon village un concours d'aïoli. Une vingtaine de ménagères fontvieilloises y participaient. Elles avaient apporté, pilon et mortier, leur propre matériel. En revanche, l'huile d'olive et l'ail était en quantité égale pour chacune et provenaient de la même origine.

Tous les membres du jury avaient pris leur tâche avec encore plus de sérieux que ceux de l'Académie Goncourt mais ils se demandaient comment ils allaient bien pouvoir départager les concurrentes. Or, à leur étonnement, ils constatèrent qu'ils étaient aussi différents que possible les uns des autres. Personne ne s'était consulté mais le verdict fut unanime. Nous avions tous désigné la même lauréate et le classement des autres concurrentes était, à peu de choses près, identique. Les produits étaient les mêmes pour toutes, elles appliquaient la même recette. Seul le tour de main faisait la différence.

Cela est vrai pour toutes les cuisines mais plus spécialement pour la cuisine provençale car elle est faite plus pour exalter les saveurs que pour rassasier l'appétit. En ce sens elle est l'une des plus péremptoires. Il ne faut pas compter son temps quand on veut la réussir mais on peut la rater à la seconde près. Une pincée de sel en trop, un moment d'inattention et c'est le désespoir domestique.

Mon père était doué d'une convivialité au-dessus de la moyenne et, quand passaient dans sa librairie des clients qui lui paraissaient sympathiques, ils les invitaient à déjeuner. Effectivement cela ne lui coûtait guère : c'était ma tante Joséphine qui faisait la cuisine. Jamais prise au dépourvu, elle se mettait en colère pour le principe mais réussissait à tout coup un chef-d'œuvre. Les invités lui faisait compliment et tenaient à emporter la recette avec eux :

– De recette, disait-elle, il n'y en a qu'une. Il faut du temps...

L'ayant vue devant son potager pendant toute mon enfance, j'ai voulu en savoir davantage. Et d'abord je lui ai posé des questions sur les quantités qu'elle utilisait. Elle n'avait que trois unités de mesure : Un « petit » peu... Un peu... Un « bon » peu...

Je n'ai jamais pu en savoir davantage. Elle goûtait à peine à ses plats et se contentait de lire sur le visage des autres le plaisir qu'elle leur avait procuré. Cela suffisait à la rassasier. Je suis donc demeuré un cuisinier honorable mais sans plus. Et j'ai retenu l'essentiel de la leçon.

La cuisine, c'est comme la Provence : on ne l'apprend qu'en la vivant. La Provence, comme les sources, ça ne se dit pas : ça se découvre.

Le langage des arbres

On apprend aussi l'histoire d'un pays à la lecture de ses arbres. La vigne et l'olivier étaient là dès le premier jour et la légende veut qu'après le Déluge l'olivier fut le premier à sortir de l'arche de Noé. Leurs espèces ont failli plusieurs fois disparaître. Lors de l'hiver de 1956 par exemple, les oliviers de Provence sont presque tous morts de froid. Cela s'est passé sous mes yeux et les Provençaux se sont sentis orphelins... Les survivants ne se sont pas découragés et ont ressuscité à l'énergie. Ils ont le droit de chanter « *Lou cant dis avi* » : le chant des aïeux. Car ce sont nos véritables ancêtres.

La vigne et l'olivier. La folie et la sagesse : Dionysos et Athéna. Bon départ dans la vie. Belle carte d'identité. Merveilleux patronage... Avec de tels parrains, on peut tenir sa place dans l'histoire des civilisations et l'on comprend la détresse de ce cardinal romain que les devoirs de sa charge avaient exilé en Normandie, pays de cidre et de beurre fermier. Privé de son huile d'olive et de son vin de messe, il se sentait plus que dépaysé.

« Ici, écrivait-il à ses amis romains, loin de ma vigne et de mes oliviers, je me sens hors du monde... *Foro del mondo...* »

D'autres espèces qui, pourtant, se plaisaient bien chez nous, sont obligées de s'accrocher au sol qui semblait les avoir adoptées. Le mûrier, par exemple, qui se sentait inutile depuis que l'on n'élève plus de vers à soie mais qui, en s'associant au platane, commence une seconde carrière comme fournisseur d'ombre rapide aux gens pressés des résidences secondaires.

122

Le destin du platane lui-même est encore plus déconcertant. Bien qu'il ne soit pas né sur notre sol, il pensait être devenu citoyen provençal à part entière. Or voici que deux fléaux le menacent. Son feuillage avait offert à nos petites routes une voûte ininterrompue d'ombres mouvantes. Il paraît que c'est dangereux pour la circulation automobile. On n'a pourtant jamais vu de platane entrer dans une auto, mais le raisonnement des polytechniciens n'est pas celui de tout le monde.

Le second danger est encore plus menaçant. Pendant la guerre de 14, les platanes américains avaient donné la mesure de leur patriotisme en se portant comme engagés volontaires. Leur bois n'est pas utilisable ni par les charpentiers ni par les menuisiers. Ces colosses sont fragiles dès qu'on les déracine. Mais quand les Yankees se sont décidés à entrer en guerre, on a pu en faire des caisses à munitions dans lesquelles les obus libérateurs ont traversé l'Atlantique. Malheureusement, ils transportaient aussi dans leurs fibres un virus dévastateur qui a failli les détruire. En ce moment même, ils luttent en silence contre la mort. Aux dernières nouvelles, il semble que le remède ait été trouvé... Il vient d'Amérique évidemment ! Étrange pays qui donne l'impression de créer des maladies pour le plaisir de les soigner.

Le cyprès lui-même est un produit d'importation, ce que ne savent pas toujours les Provençaux tant il fait partie du paysage. Né au Moyen-Orient, le cyprès a traversé la mer pour s'installer définitivement chez nous. Il constitue le phénomène d'intégration le plus réussi d'une région dont c'est la vocation première. Aux yeux de ceux qui travaillent le bois, il ne présent qu'un très faible intérêt.

Malgré la médiocrité de son essence, devenu citoyen provençal à part entière, il tient dans nos paysages et dans notre vie une place de premier plan. Dressé à l'entrée des cimetières comme une torche brûlante d'espoir, il se porte garant de la résurrection des corps.

On apprend plus sur les Provençaux
en les écoutant jouer aux boules qu'en les regardant.

Pernes-les-Fontaines.

J'ai lu dans un livre de cuisine provençale cette phrase édifiante :

« Le Provençal, d'un naturel frugal, se nourrit volontiers d'un quignon de pain frotté d'ail. »

Ce « volontiers » m'enchante...

*D*ressé à l'entrée
des cimetières
comme une torche brûlante
d'espoir, le cyprès se porte
garant de la résurrection
des corps.

Calvaire de Malaucène.

La farandole des collines autour du village.

Bollène de Vaucluse.

Fromages de chèvre dans leur feuille de châtaignier, tresses d'ail violet : le repas d'Ulysse.

Les sauts de vent, quand ils sont traduits
en provençal, deviennent aussitôt des sautes d'humeur.

Taureau apprivoisé...

Aligné au coude à coude avec ses camarades, il fait barrière contre les invasions du mistral. Bien que symbole d'immortalité il est mortel lui-même et sert, en fin de carrière, à borner les terrains de boules. C'est tout de même plus honorable que de terminer sa vie comme « poutres apparentes » dans une villa pseudo-provençale.

Je salue ici la dignité du plus constant de nos intercesseurs.

Il dresse vers le ciel une prière ardente et le supplie silencieusement de ne pas nous tomber sur la tête.

Fêtes et saints

L'apparition d'une religion nouvelle apporte d'ordinaire dans un pays de graves troubles. En Provence, les choses se sont plutôt bien passées entre le christianisme nouveau et le paganisme ancien. Ce sont les chrétiens entre eux qui ne se sont pas ménagés... Et si je vous racontais l'histoire de nos guerres de Religion, cela risquerait d'assombrir votre humeur pour le reste de vos jours. Ce qui ne serait pas très chrétien de ma part. Chez nous, on est passé du polythéisme au monothéisme sans dommage excessif et la « Bonne Mère » a pris sans avoir à élever le ton la place laissée vacante par les déesses de la terre romaines ou grecques.

Il est donc normal que, dans ces conditions, Noël soit la fête provençale la plus populaire. Je dirais même la plus courue. En Espagne, c'est la Semaine sainte qui est leur préférée. Dans le Nord de la France aussi. Ils préfèrent s'associer aux souffrances de la mort du Christ qu'au jour de sa Nativité. Que voulez-vous, les Provençaux, s'ils ont le sens de la compassion, n'ont guère le goût de la pénitence. Mais surtout, même si on ne le leur a pas fait remarquer, ils savent de naissance que Noël est autant chrétien que païen. Une occasion de ripailles, dans un pays plus sobre qu'on ne le pense, et de célébrer en même temps la naissance du petit Jésus, qu'on appelle ici le « divin niston », et le solstice d'hiver.

Chez les Scandinaves, le 24 décembre se fête surtout le 24 juin pour le solstice d'été. À l'occasion de la nuit la plus longue de l'année, les feux de la Saint-Jean s'allument pour célébrer le retour de l'été. Tout le pays s'embrase et l'aquavit coule à flots. En Provence, on ne les allume plus guère. À quoi bon. Le solstice d'hiver (la Saint-Jean d'hiver) nous suffit. Même à la mauvaise saison, le soleil nous rend des visites et nous sommes sûrs d'avance qu'il sera fidèle au rendez-vous.

Il doit être agréable quand on est un saint du calendrier d'avoir ses fidèles en Provence. Prenez le cas de saint Éloi. C'était un saint plutôt austère. Il patronnait les métallurgistes. Ce sont des gens travailleurs qui fabriquent, entre autres, des socs de charrue. Les paysans se servent de charrues. Il devint donc le patron des paysans et, comme les paysans ont bon appétit, il devint le protecteur des bonnes choses de la vie. Des charrettes fleuries défilent en son honneur dans tous les villages de Provence et sa fête devient comparable au 14 Juillet tahitien. Elle dure tout le mois.

Quant à sainte Marthe, qui eut le privilège de servir Jésus à table, elle est devenue tout simplement la patronne des patrons de bistrot. Nous ne nous croyons pas plus intelligents que les autres, mais il y a une chose que nous savons faire mieux que personne : refaire le monde et les gens à notre image.

Et ils ne s'en aperçoivent qu'une fois rentrés chez eux.

Les taureaux ont la parole

Les villes et les villages qui ont en Provence le culte du taureau sont loin d'être majoritaires. Mais, symboliquement, le taureau monte la garde sur notre destin. Une simple anecdote : le préfet des Bouches-du-Rhône avait décidé un jour de supprimer une classe dans une école de village. Le maire a d'abord mobilisé la population mais, comme cela ne suffisait pas, il a fait occuper la cour de récréation par une manade de taureaux ! Les autorités de tutelle se sont inclinées sous la menace des cornes.

Le Taureau qui enleva Europe à une date non précisée, mais qui se situe bien avant la naissance du Christ, était friand de galipettes et mâchonnait des roses pour se parfumer les naseaux. L'enlèvement eut lieu sur les rivages de la Crète en présence d'un platane plusieurs fois millénaire, et dont le feuillage est vert en toute saison. Ce qui semble indiquer qu'Europe, à l'époque, n'a pas été violée sous le regard de cet honorable vieillard. Son éternelle verdeur en eût été offensée. Cela inciterait également à penser que Zeus, quand il se déguisait en galant quadrupède, faisait preuve d'une délicatesse que bien des humains pourraient lui envier.

Retourné parmi les dieux dans le soleil, il est redevenu le cruel Mithra, et a continué de patronner les sacrifices sanglants que les humains faisaient en son nom. À l'époque, le Dieu d'Amour n'avait pas encore été inventé et les dépositaires de la puissance divine se devaient, pour être sérieux, de revêtir une armure de cruauté. Ainsi est né le taureau de combat. Nettement plus prétentieux que le taureau ordinaire, qui se contente d'honorer les vaches. Ce qui ne l'empêche d'ailleurs pas, malgré les services rendus, de terminer, dans sa version camarguaise du moins, en daube ou en saucisson d'Arles. Selon son degré de tendreté supposée.

Rassurez-vous, je ne vais pas vous faire l'éloge de la corrida. D'ailleurs, en Provence même – étant entendu une fois pour toutes que Nîmes est en Languedoc – à part Arles et quelques villes et villages, il y a peu d'endroits où sont organisées des « ferias » de style hispanique ou lusitanien. Dans la « course libre », non seulement on ne tue pas le taureau mais on le laisse mourir de vieillesse, et il arrive parfois qu'on lui élève une statue après sa mort. Ce qui est peu fréquent dans la boucherie traditionnelle.

Mais revenons au taureau sauvage. C'est effectivement un fauve, mais l'idée de se produire dans les arènes pour faire admirer sa puissance et sa noblesse ne lui serait jamais venue s'il n'avait pas été mis à son insu au service des adversaires du pouvoir absolu.

Louis XIV, nous enseignent les livres d'école, était un monarque de droit divin et ne s'en cachait d'ailleurs pas. Les protestants en savent quelque chose. Les habitants de la Gironde aussi, qui ont cruellement vérifié à quel point la monarchie absolue était jacobine en son essence et dans sa pratique. Les taureaux sauvages, insoumis de tempérament, étaient donc les alliés naturels des camisards cévenols ou des Vaudois du pays d'Apt mais l'idée de résister au centralisme monarchique ne faisait pas partie de leurs préoccupations. Ils ne se sont pas rendu compte du rôle qu'on leur faisait jouer.

Sa Majesté le Roi-Soleil ne décolérait pas. Il avait été, à plusieurs reprises, obligé de révoquer le lieutenant général de Guyenne, lequel était pourtant un serviteur fidèle et dévoué qui exécutait à la lettre dans la région de Bordeaux tous les ordres de son souverain. Tous, sauf un. Les habitants de la ville, soucieux de souligner leur différence et privés de divertissements, avaient pris l'habitude de dérouter de l'abattoir les animaux d'embouche qu'on y conduisait en troupeau.

Vous pensez bien que le bétail ne faisait aucune objection à ce changement d'itinéraire. Il avait tort. Leurs sauveurs provisoires n'étaient en aucune manière des précurseurs de la Société protectrice des animaux. Ils profitaient au contraire de l'occasion pour détourner certaines bêtes à leur profit exclusif. Du même coup, ils voyaient là le moyen de rappeler leur existence au pouvoir central. L'irritation du monarque leur fit prendre à la fois conscience de leur force et goût à ce jeu... Dès les premières arrestations, ils passèrent en Espagne pour pouvoir continuer à s'amuser, au risque d'un coup de corne. C'étaient des hommes frustes mais nobles qui préféraient l'hôpital, et pourquoi pas la mort, à la prison.

C'est ainsi que la corrida est née ! Vous voyez bien que les taureaux n'y sont pour rien. Et on ne leur a pas plus demandé leur avis par la suite quand on les a conduits aux arènes plutôt que de les mener directement à l'équarrissage. Je pense même qu'ils ont dû être considérablement étonnés. Pour la

Cour d'amour dans l'arène d'Arles.

*P*résentation de l'étalon
et de sa famille dans les arènes d'Arles.

*Série gitane : l'Oncle qui commande (page 140)...
la nièce qui danse (page 141)... et sainte Sara
qui les protège...*

Saintes-Maries-de-la-Mer.

L'heure de vérité.

Paseo des toreros dans l'arène romaine.

... un monde de sang, de bruit et de fureur où le destin se joue des hommes...

première fois de leur vie, ils avaient le droit de se défendre ! Et on les acclamait quand ils se montraient meilleurs que leurs partenaires humains. On faisait avant moins de manières pour les tuer.

Jusque-là ce genre de distraction n'avait été qu'un divertissement de seigneur à cheval. Mais, dès lors, un simple manant sans monture eut le droit de montrer qu'il possédait autant de noblesse, d'audace et de courage que son seigneur. Et même plus, puisqu'il était à pied et à hauteur des cornes ! Le droit de se conduire comme un gentilhomme sans avoir appris l'équitation, c'était déjà l'amorce de l'esquisse d'un préambule à la future Déclaration des futurs Droits de l'Homme. Et en tout état de cause, une « avancée démocratique ».

Aristophane et Sophocle

Ils racontent tous les deux la même histoire et aux mêmes gens. L'un pour les faire rire, l'autre pour les émouvoir. L'un comme un chansonnier, l'autre comme un auteur de tragédie. Mais ils désignaient tous les deux un monde de sang, de bruit et de fureur où le destin se jouait des hommes. Les Provençaux savent de source sûre que la vie n'est pas une opérette marseillaise. Ils font semblant de l'oublier et tentent de le faire oublier aux autres en mettant la « galéjade » au premier plan !

Ainsi procède Pagnol, qui passe pourtant aux yeux de certains pour un farceur démodé. À l'avant-scène les bouffons se démènent tandis que Fanny meurt d'amour devant un étal de coquillages et que César étouffe de désespoir en servant des Picon-curaçao. Mais ils n'en laissent rien paraître. La vie provençale est un art de vivre en société. Une hypocrisie partagée. Une convention acceptée. Elle s'avance masquée et sa conduite doit sans cesse être décodée. Elle se raconte sans arrêt des histoires pour supporter les épreuves qui n'ont cessé de l'accabler. Elle soigne ses apparences pour ne pas avoir à montrer ses blessures. On la croit superficielle alors qu'elle est hantée par la mort. Il serait d'une rare impolitesse d'en parler en public. Mourir, à la rigueur, on pourrait s'y faire, mais quitter la vie est absolument insupportable.

Ici, la jovialité farde la tragédie vécue ; l'indifférence se fait chaleureuse et le désespoir de bonne compagnie. Ce qui, paradoxalement, doit vous amener à découvrir que le théâtre de Marcel Pagnol où la parole est reine est en réalité le théâtre du silence, du non-dit. Comme chez les classiques, l'essentiel se passe en coulisses. Comment pourrait-on vous le montrer puisqu'il est caché au plus profond des cœurs.

Le cas échéant, mais en cas d'urgence seulement, les Provençaux ont recours à la litote et si un de vos amis vous dit incidemment : « Tu devrais aller dire un petit bonjour à Félix, ça lui ferait plaisir. Il n'a pas très bon moral... » dépêchez-vous d'aller lui rendre visite ! On a voulu vous faire comprendre qu'il était à l'article de la mort et que, si vous voulez le voir une dernière fois, il n'y a pas une seconde à perdre... C'est cette Provence-là qui veille lucidement à se jouer la comédie pour conserver sa propre image qu'il vous faudra découvrir. Elle se met tout entière en vitrine pour qu'on n'ait pas envie d'aller voir à l'intérieur ce qui se passe.

Oui, les Provençaux ont le sens tragique de la vie. Même ceux qui n'ont pas lu Paul-Jean Toulet se sont aperçus qu'il fallait prendre garde « *à la douceur des choses* » et que « *l'ombre était rouge* (et souvent noire) *sous les roses* ».

Raison de plus pour respirer leur parfum.

La chèvre d'or

« *Par devant Maître Honoré Grappazi, notaire à Pampérigouste... le sieur Daudet Alphonse se disant poète et demeurant à Paris... s'est rendu acquéreur d'un moulin à vent et à farine... lui pouvant servir à tous travaux de poésie...* »

Dès les premières phrases des *Lettres de mon moulin*, tout est dit sur le bon usage de la Provence. Il n'a pas toujours fait bon vivre entre Rhône et Durance mais elle a veillé jusqu'ici à moudre ses rêves avec le blé roux des étoiles. Elle n'a jamais renoncé à trouver la Chèvre d'Or. Personne ne l'a rencontrée, mais tout le monde sait qu'elle se promène en permanence du côté de Pampérigouste. C'est un village qu'on ne trouve pas sur la carte. Il ne se montre qu'à ceux, écrivains ou peintres, qui ont rendez-vous avec « La Comtesse » abandonnée. À ceux qui savent traduire en images et en mots les messages de la lumière et du vent. À ceux qui créent une Provence imaginaire qui a permis à la Provence de continuer.

Le soleil a dit : « Lumière ! » par la voix de Daudet, le mistral dit : « Moteur ! » par la voix de Giono. C'est ainsi que la Provence tourne.

Il n'a jamais été facile d'être Provençal, mais le pays a tenu tête aux Barbares et les a assimilés. Il ne va pas craquer devant les touristes et les nouveaux venus ! C'est du moins ce que j'espère. Sinon il ne nous restera que « *le ciel, le soleil et la mer* ». Ce n'est déjà pas si mal, mais avec un ciel sans Cézanne, un soleil sans René Char, une mer sans Valéry, la sinistre prophétie d'Ernest Renan a des chances de se vérifier et la planète de l'an 2000 de devenir « *une planète d'idiots se chauffant au soleil* ».

Que Van Gogh nous protège !

Le soleil l'a rendu fou mais lui a mis des tournesols dans la tête ! Jamais nous n'en avons eu tant besoin.

Fontvieille,
dans la nuit du 4 août
par temps clair.

*F*anfonne à quatre-vingt-dix ans, partant avec sa manade…

L'heure où chacun se sent réconcilié avec lui-même et avec le genre humain tout entier.

Notre-Dame-de-Gratemoine,
route de Castellane.

*Q*uand *les vignes se noient*

c'est le vin qui trinque.

152

*Quand le mistral
se met en colère,
il lui pousse des cornes.*

*Craquelures sur le sol
de Camargue.*

153

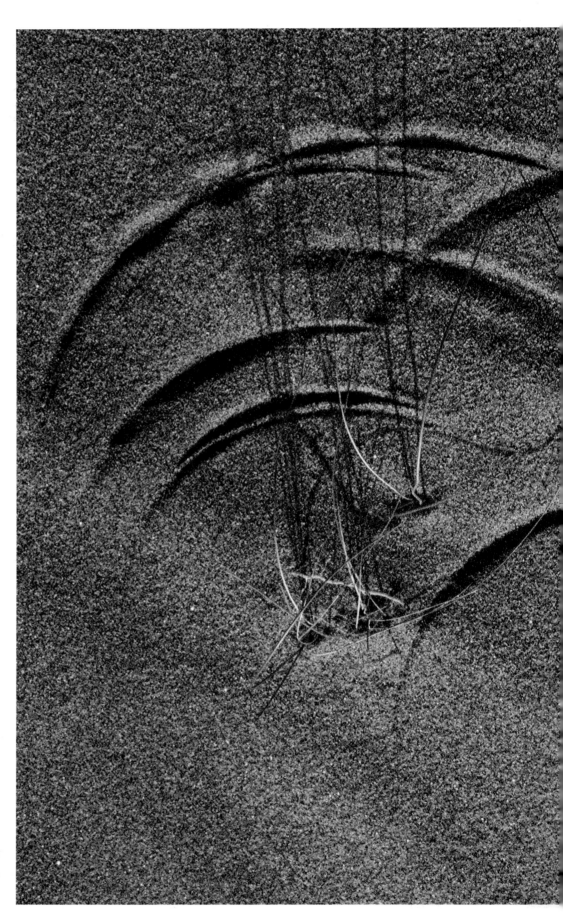

Les messages extra-terrestres dessinés sur le sable par le mistral se laissent décrypter aussi facilement qu'un dessin de Picasso.

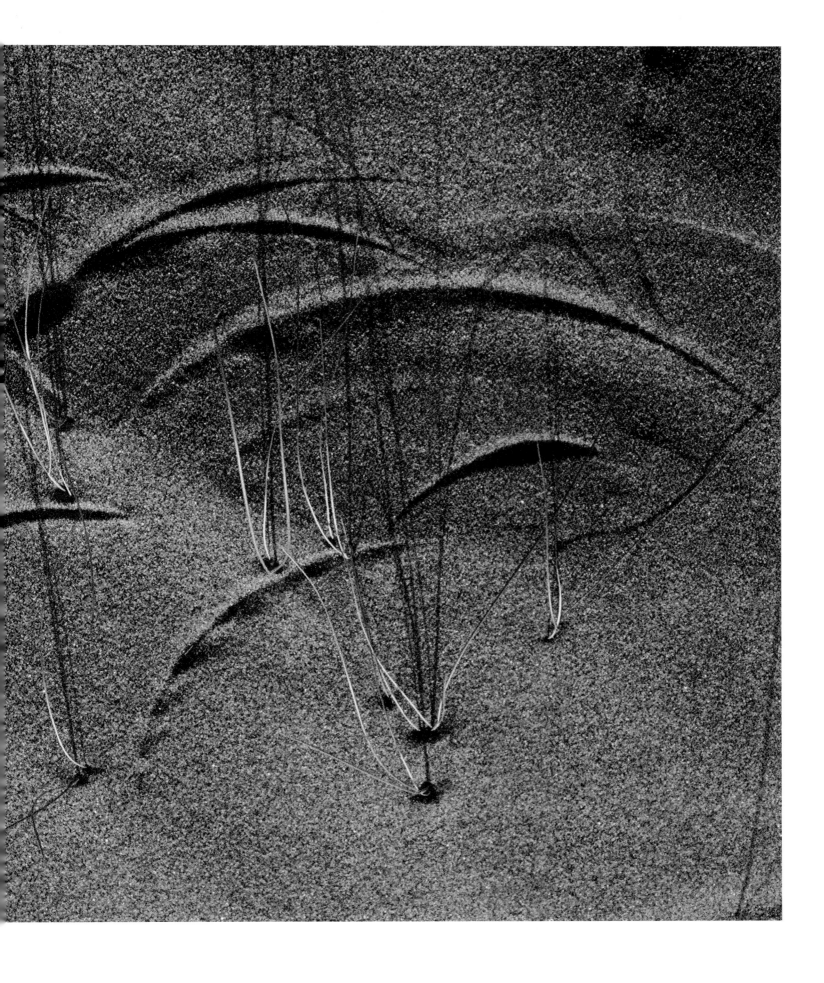

*P*rovence au goût de miel.

Pays de Viens.

■

Page suivante :
« Une sainte fureur fait rugir l'eau prisonnière... »

Jean Giono.

Le tombeau de Van Gogh est ailleurs. En Provence, il ressuscite tous les jours.

Saint-Paul-de-Mausole.

Je remercie de leur aimable collaboration pour la réalisation de cet ouvrage :
La direction des salins du Midi, à Salin-de-Giraud, Jean-Maurice Rouquette, conservateur des monuments et musées d'Arles pour ses précieux conseils et pour m'avoir permis d'approcher au plus près, lors de leur restauration, les sculptures du porche de Saint-Trophime ; Dominique Serena, conservateur du museon Arlaten, à Arles ; les membres de la Société de Recherche archéologique de Beaucaire ; la charmante propriétaire de la *Maison dans l'arbre* ; la famille Magnan pour leur visite des eaux de Marseille ; les bergers de Raphèle ainsi que le curé de la chapelle ; mes bons amis Josy et André Bernard pour leur hospitalité et leur aide dans la Haute-Provence, ainsi que celui qui fut notre guide, Sergio Fiorio.

Je remercie également Élisabeth Ferréol et Myriam Yonnet, reines d'Arles ; mes amis gitans des familles Baliardo, Ferré et Gazia ; Simon Casas et Hubert Yonnet, directeurs d'arènes ; l'apiculteur Pierre-Marie Bresc du Pays de Viens ; la famille Gleize, officiant à *La Bonne Étape*, à Château-Arnoux, pour leur accueil et leurs précieuses informations ; les marchands du marché de Reillanne ainsi que les mangeurs de glace de Vachères ; avec un hommage particulier à la mémoire de Fanfonne Guilherme ainsi qu'à celle de Jean-Claude Reinier qui me fit découvrir Marseille.

Je remercie l'équipe laborantine de l'École Nationale de photographie d'Arles et mes assistants Victoria Clay Mendoza, Stéphanie Mariet, Béatrice Omiccioli, Christophe Gauthier, Sayuri Tajima, Masumi Oda, Patrick Mercier et Franck Wronikowski.

Ma très vive gratitude à Yvan et Antoine Audouard pour la confiance qu'ils m'accordent en m'accompagnant et en publiant ce livre ; à Anne Gallimard pour sa douce patience ; et à l'équipe de Compagnie12 pour son remarquable professionnalisme.

Sans oublier frère Soleil, sans lequel la Provence ne serait pas dans ce livre.

Lucien Clergue

Réalisation

Secrétaire d'édition : Pia CLÉVENOT
Direction artistique : Stéphane DANILOWIEZ
avec la collaboration de Jacqueline Sevin

Photogravure : Artnord
Impression : Clerc
Reliure : Brun

Dépôt légal : octobre 1995
N° d'édition : 36318
N° d'impression : 6037